KB266605

류영모 목사의
맛있는 이야기 철학

류영모 목사의
맛있는 이야기 철학

초판 1쇄 | 2026년 4월 3일 펴냄

지은이 | 류영모
북디자인 | 루디아153

펴낸 곳 | 도서출판 훈훈
주소 | 경기도 고양시 덕양구 소원로267
이메일 | toolor@hanmail.net
홈페이지 | blog.naver.com/toolor
인스타그램 | @hunhun_hunhun

류영모 목사의

맛있는 이야기 철학

인생의 쓴맛 목회의 단맛

흔흔

인생에도 맛이 있습니다. 사람마다 살아낸 삶의 결이 다르고, 걸어온 길의 빛깔이 다르듯이, 저마다 인생의 맛도 다릅니다. 어떤 삶은 쓰고, 어떤 삶은 달며, 또 어떤 삶은 오래 씹을수록 깊은 향이 납니다. 목회도 마찬가지입니다. 겉으로는 비슷해 보여도, 그 안을 들여다보면 눈물의 맛이 있고, 기다림의 맛이 있고, 감사의 맛이 있고, 다시 일어서는 회복의 맛이 있습니다.

제가 이 책을 세상에 내놓으며 가장 먼저 떠올린 것은 오미자였습니다. 오미자는 이름 그대로 다섯 가지 맛을 품고 있습니다. 단맛, 신맛, 쓴맛, 짠맛, 매운맛이 한 열매 안에 어우러져 묘한 조화를 이룹니다. 그래서 사람들은 오미자를 단순한 열매가 아니라, 맛이 주는 신비의 세계라고 말합니다. 뿐만 아니라 오미자는 몸에 유익을 주고 기운을 북돋우며 지친 사람에게 생기를 불어넣는 열매이기도 합니다.

돌아보면 저의 인생과 목회도 어쩌면 오미자와 같았습니다. 기쁨만 있지 않았고, 눈물만 있지도 않았습니다. 웃음만으로 채워지지도 않았고, 고난만으로 끝나지도 않았습니다. 주님이 이끄신 세월 속에는 달콤한 은혜도 있었고, 시린 상처도 있었고, 쓰디쓴 연단도 있었으며, 매운 눈물 같은 고난의 시간도 있었습니다. 그러나 그 모든 시간이 헛되지 않았습니다. 하나님께서는 그 여러 맛의 시간을 통하여 저를 빚으셨고, 목회자로 세우셨고, 결국은 겨울꽃처럼 추운 계절에도 피어나는 믿음, 곧 리질리언스 (resilience), 회복탄력성의 영성 덩어리로 저를 빚어주셨습니다.

이 책은 그러한 오미자 인생의 기록입니다. 대부분의 글은 한국장로신문 칼럼 코너 「나의 인생 나의 목회」에 2년 동안 연재한 글들입니다. 여기에 더하여 한국기독공보와 국민일보 겨자씨 코너에 실렸던 글들도 함께 모았습니다. 짧은 칼럼이지만, 그 짧은 글 속에는 저의 생각만이 아니라 저의 눈물과 기도, 만남과 이별, 감사와 성찰이 함께 스며 있습니다. 때로는 지나온 인생길을 돌아보며 적었고, 때로는 목회의 현장에서 몸으로 배운 교훈을 나누며 썼습니다. 어떤 글은 웃으며 썼고, 어떤 글은 울며 썼으며, 또 어떤 글은 하나님 앞에 오래 묵상한 끝에 비로소 한 줄 한 줄 적어 내려간 글입니다.

저는 글이 단순히 정보를 전하는 도구라고 생각하지 않습니다. 글은 그 사람의 온도를 전하고, 삶의 방향을 비추며, 영혼의 향기를 남기는 것이라고 믿습니다. 특히 목회자의 글은 더욱 그러합니다. 설교가 회중 앞에서 선포되는 말씀이라면, 칼럼은 한 사람의 마음에 조용히 스며드는 목회의 또 다른 언어입니다. 강단에서 다 말하지 못했던 생각들, 급히 지나가 버린 감정들, 성도들과 함께 울고 웃으며 배운 신앙의 지혜들이 칼럼 속에 담겨 있습니다. 그래서 저는 "누군가의 마음에 작은 불씨 하나를 놓을 수 있다면 좋겠다"는 마음으로 오늘도 글을 쓰곤 합니다.

이 책의 제목에 담긴 "맛있는 이야기 철학"이라는 표현은, 단지 재미있고 읽기 쉬운 글이라는 뜻만은 아닙니다. 그보다 더 중요한 뜻은, 삶을 허겁지겁 삼키지 않고 음미하며 살아내는 지혜, 아픔조차 의미로 바꾸어 내는 신앙의 태도, 그리고 고난 속에서도 끝내 감사와 소망의 맛을 잃지 않는 믿음의 철학을 말합니다. 인생은 늘 부드럽고 달콤하지만은 않습니다. 때로는 질기고, 때로는 떫고, 때로는 삼키기 어려울 만큼 버겁습니다. 그러나 믿음의 사람은 그 모든 시간을 하나님 안에서 해석하며, 마침내 자기만의 깊은 맛으로 익어 갑니다. 저는 그것이야말로 참으로 "맛있게 사는 인생"이라고 믿습니다.

이 책에 담긴 글들이 독자 여러분에게도 그런 선물이 되기를 바랍니다. 어떤 분에게는 잊고 있던 첫사랑의 신앙을 다시 떠올리게 하는 맛이 되기를 바랍니다. 어떤 분에게는 상처와 실패를 지나 다시 일어설 용기를 주는 힘이 되기를 바랍니다. 어떤 분에게는 삶의 분주함 속에서 잠시 멈추어 자신을 돌아보게 하는 여백이 되기를 바랍니다. 또 어떤 분에게는 "아, 신앙이란 이런 것이구나. 목회란 이렇게 살아내는 것이구나" 하는 잔잔한 감동과 울림으로 남기를 바랍니다.

무엇보다 저는 이 책이 저의 호 동화(冬花) 겨울꽃의 메시지를 품고 있기를 바랍니다. 겨울에는 꽃이 없을 것 같지만, 바로 그 겨울을 견디는 생명이 있어 봄이 옵니다. 인생의 겨울, 목회의 겨울, 교회의 겨울, 시대의 겨울을 지나면서도 믿음은 꺾이지 않고, 사랑은 식지 않으며, 소망은 끝내 사라지지 않습니다. 오히려 추운 계절을 이겨낸 꽃은 더 깊은 향기를 냅니다. 저의 부족한 삶과 글이 그 겨울꽃의 작은 증언이 된다면, 그것으로 충분히 감사한 일입니다.

이 책이 나오기까지 수고해 주신 훈훈출판사에 진심으로 감사드립니다. 한 편 한 편 흩어져 있던 글들을 귀하게 모아 주시고, 한 권의 책으로 엮어 독자들에게 건네 주신 정성과 노고에 깊은 감사를 드립니다. 이름처럼 따뜻한 마음과 정성으로 이 책의 출판을 맡아 주신 소재웅 목사에게 고마운 마음을 전합니다. 책은 혼자 쓰지만, 출판은 함께 이루어 가는 일임을 다시금 느낍니다.

부족한 글이지만, 이 책을 펼치는 분들의 마음에 작은 위로와 따뜻한 용기, 그리고 오래 남는 여운 하나라도 남길 수 있기를 소망합니다. 부디 이 책이 누군가에게는 한 잔의 따뜻한 차처럼, 누군가에게는 오래 씹을수록 깊은 맛이 나는 열매처럼, 또 누군가에게는 다시 살아갈 힘을 북돋우는 믿음의 양식처럼 다가가기를 바랍니다.

인생도 목회도 결국은 하나님 안에서 맛을 얻습니다. 그 은혜의 맛을 알고, 그 사랑의 맛을 기억하며, 오늘도 저는 인생의 맛을 만들어갑니다.

그리고 그 맛있는 이야기를 내일 또 여러분과 함께 나누고 싶습니다.

Soli Deo Gloria!

제3장 목회의 품격을 지켜온 이야기

—— 흔들려도 무너지지 않기 위하여

제4장　주님이 주신 몸과 시간을 돌보는 이야기

──── 지혜롭게, 끝까지 걸어가기 위해

제5장　한국교회를 향한 희망의 이야기

──── 다시, 한국교회를 꿈꾸다

제6장 시대의 질문 앞에 선 이야기

—— AI 시대에도 변하지 않는 것

（1장）

우연처럼 찾아온 은혜의 이야기

한 사람의 삶이 목회가 되다

멀게만 느껴졌던 은퇴라는 것이 내게도 한걸음 한걸음 다가오고 있다. 70년 인생 여정, 50년 목회 여정, 뒤돌아보니 내 여정에 내가 놀란다. 은혜 아니면 올 수 없는 길이었으니 감사한 것뿐이다.

누군가 힘들었던 내 인생 "그대로 한 번 더 살아볼래"라고 한다면 자신이 없다. 그러나 살아온 순간순간은 힘든 줄 모르고 행복하게 달려왔다. 돌아볼수록 기적이요 은혜다. 감사요 감격이다. 자랑스럽다.

나는 운이 좋은 사람인가, 은혜를 많이 받은 사람인가?

부지런히 살아온 내 인생 주님이 복을 주신 것일까? 문득 뜬금없이 궁금해졌다. 기독교에 운이란 없다. 주님의 은혜요 섭리이다. 20대 젊은 나이에 하버드 대학교 교수가 된 「정의란 무엇인가?」의 저자 마이클 샌델(Michael Sandel)이 퍽 재미있는 말을 했다. 인생은 짓지 않은 집에서 살고 심지 않은 나무에서 열매를 거둘 때가 있다는 것이다. 행운의 영역이 있다는 것이다. 내가 그만한 사람이 못 되는데 어느 날 눈을 뜨고 보니 오르지 못할 곳에 올라 있고 가질 수 없는 것을 가지고 있더라는 것이다. 바로 그것이 은혜의 영역이다.

김난도 교수와 내로라하는 교수들이 공동 집필한「트렌드 코리아 2024」라는 책이 있다. 오늘 우리가 살고 있는 이 시대는 모든 면에서 약점이 없는 완벽한 사람을 요구한다는 것이다. 외모·학력·자산·집안·특기·스펙·성격 등등을 두루 완벽하게 갖추어야 쓰임 받는 시대가 되었다.

난 출중한 외모를 타고나지도 못했다. 소위 SKY의 뒷문도 못 가봤다. 하도 가진 것이 없어 한소망교회를 개척할 때도 맨손·맨몸·맨땅 3맨으로 시작했다. 어릴 때 아버지를 여의고 빚더미 속에서 자랐다. 특별히 잘하는 것도 없다. 어디 좋은 멘토 밑에서 부목사 생활도 못해봤다. 그렇다고 성격이라도 원만한가?

육각 원칙에 의하면 나는 분명 우리 사회의 도태생이다. 그런데 나는 공부도 할 만큼 할 수 있었다. 기도하고 꿈꾸던 것보다 한소망교회는 더 좋은 교회가 되었다. 우리 시대 목사들이 섬길 수 있는 최고의 자리는 다 올라 맘껏 비전을 펼쳐보았다. CBS재단 이사장으로, 예장통합교단 총회장으로, 한국교회총연

합의 대표회장으로 섬길 수 있었다. 이것은 분명 노력으로 될 수 있는 일이 아니었다. 하나님께서 그냥 공짜로 주신 은혜다.

난 분명 세상 사람들이 보면 행운아요, 신앙의 눈으로 보면 하나님의 특별한 사랑과 은혜를 입은 사람이다.

<h2 style="text-align:center">우리 아버지가 부자라서</h2>

내가 걸음마를 배우고 말을 하기 시작하던 어린 시절 내가 처음 만난 하나님은 부자 하나님이셨다. 어릴 때 내가 살던 집은 기어들어가고 기어나오던 초가삼간이었다. 우리 집 돌 담벼락 하나를 두고 옆집에 큰 집 하나가 들어서고 있었다. 새참 시간 어린 아이가 아장아장 걸어가 목수 아저씨에게 묻더란다. "아저씨, 아저씨. 이 큰 집에 누가 살아요?" 짓궂은 목수 아저씨가 "하나님이 사신단다"라고 대답을 했다. 어린 영모는 날아가듯 뛰어 엄마에게 달려와 말했다.

"엄마, 엄마, 하나님이란 분 대따 부자인가봐."

그 부자 하나님은 아버지가 없는 나의 아버지가 되셨고, 그 하나님의 집은 내가 뛰어놀고 예배하는 우리 집이 되었다. 가난하게 살던 내가 처음 만난 하나님은 부자 아버지셨다. 그 이후 평생 내 마음은 부요롭기만 했다. 하나님이 우리 아버지라서 참 좋았다. 육신의 아버지는 없었지만 하나님을 아버지라고 부르며 사는 게 너무 좋았다.

1990년 말, 나는 개척교회를 설립하리라 선언하고 섬기던 교회를 떠났다. 내 손에는 퇴직금으로 받아서 가정예배 때 하나님께 이미 봉헌한 450만 원이 전부였다. 주일 한 시간만 예배를 드릴 터이니 '누군가 신앙인이라면 유치원이든 공장이든 학원이든 빌려주겠지.' 하고 너무나 쉽게 생각했는데 세상의 바람은 참 차가웠다. "하나님, 빈 들에 성경 올려놓고 설교할 보면대 하나만 있으면 됩니다. 예배드릴 공간 한 켠만 주세요." 금식기도를 시작한 지 며칠이 못 되어 최덕식 장로님을 만나 은평구 신사동 유치원 한 자락 빌려 기도회를 시작할 수 있었다. 이렇게 시작한 교회가 맨손·맨몸·맨땅, 소위 3맨 교회 한소망교회이다.

기도회는 은평구 신사동 유치원에서 시작했지만 일산 신도시로 들어가 목회하는 것이 나의 꿈이었다. 기도회를 시작한 지도 반 년이 지난 어느 날, 일산 신도시 예배당 공간은 꿈을 꿀 수도 없었고 일산 외곽, 당시 농촌마을 능곡 지하 40평 조그만 공간을 계약하게 되었다. 건물주는 어느 교회 집사님이셨는데 그분이 계약서에 도장을 찍기 전 잠시 멈추고 나를 가만히 쳐다보셨다. "목사님, 계약금은 물론 중도금, 잔금 잘 준비하셨지요?" 하필 이 순간 나의 약점을 찌를 게 뭐람. 당황한 나는 내가 만난 하나님을 자랑했다.

"예, 사장님, 저는 돈 걱정을 하고 사는 사람이 아닙니다. 우리 아버지가 부자라서."

"아이쿠 예 예 예, 부잣집 아드님이셨군요. 부잣집 아드님이 사업은 안 하시고 목사님이 되셨군요?"

어릴 때 내가 만난 부자 하나님은 나이가 들고 철이 들면서 부요하신 분임을 알게 되었다.

나는 사실 아무것도 가진 것이 없는데 항상 왜 이토록 든든하기만 했을까? 세상 어디에 가서도 누군가에게 돈 한 푼 꿀 곳도 없었는데 나는 왜 늘 당당하기만 했을까? 평생 우리 집 쌀독에 쌀이 떨어져도 친구들이 모여 밥을 먹으면 먼저 달려가 밥값 계산을 하며 살았다.

하나님, 하나님이 우리 아버지라서 저는 참 좋습니다. 우리 아버지가 부자라서 참 좋습니다. 그 부자 아버지가 나를 사랑하시고 나와 평생을 함께 해주시니 참 좋습니다. 우리 아버지 하나님, 아버지는 제게 평생 대따 부자이셨습니다.

<h1 style="text-align:center">내 어머니 임종 : 세족·성찬식</h1>

내 어머니는 팔십이 넘도록 참 건강하게 사셨다. 평생 입원 한 번 하신 적이 없고 환절기 감기 한 번 크게 앓으신 적이 없었다.

그러던 어머니가 소화가 안 된다고 자꾸 소화제를 사탕 까시듯 드셨다. 산책을 나가셨다가 우리 집이 몇 동 몇 호더라, 전화를 하시고 현관문 비밀번호가 생각나지 않는다고 전화를 하셨다. 어느 날 방에 들어가시더니 짙게, 조금은 어지럽게 화장을 하고 나오셨다. 그러면서 "영모 아버지가 출장갔다 오신대"라며 화장을 하셨단다. 60년 전에 돌아가신 당신의 남편, 영모 아버지가. 나는 그 충격을 이길 수 없어서 내 방에 들어가 문을 걸어 잠그고 통곡을 했다. 급히 어머님을 모시고 병원에 갔더니 췌장암에 치매란다. 이후 췌장암 수술이 잘 되었다고 했는데 치매기가 높아지셨다. 그때부터 나는 일과를 마치면 가능한 한 빨리 집으로 달려가 어머니를 휠체어에 모시고 마을 산책을 나갔다. 어머니가 못 알아들으셔도 하루 종일 있었던 일들을 보고라도 하듯 신나게 들려 드렸다. 어쩌다 정신이 돌아오면 "우리 아들 같은 착하고 멋진 아들이 세상에 또 있을까" 칭찬을 하셨다.

내 어머니가 위중하시어 다시 입원 시간을 기다리는 마지막 주일이었다. 내 어머니는 늘 앉으시던 예배당 그 자리에 앉아 그날따라 작은 눈을 크게도 뜨시고 아들 설교를 듣고 계셨다. 설교 후 기도를 마치고 눈을 떠 보니 어머니가 안 보였다. 옆으로 쓰러지셨고 젊은 집사들이 업고 병원으로 달렸단다. 그 예배가 내 어머니의 마지막 예배가 될 줄이야. 목사로시 많은 교인들의 임종을 지켜본 터라 내 어머니의 임종 시간이 되었음을 어렵잖게 알 수 있었다.

우리 가족들이 모여 부교역자 몇 사람들과 함께 임종예배를 드렸다. 그리고 나는 엄마 품에 안긴 어린아이처럼 내 어머니 가슴에 얼굴을 파묻고 어머니를 불렀다.

"엄마, 엄마가 좋아하는 예수님 곁으로 가서 편히 쉬세요. 어머니 아픔을 내가 대신할 수만 있으면 좋으련만 그럴 수가 없어요. 엄마가 없는 세상은 살아갈 자신이 없지만 엄마가 평생 기도하시고 축복하신 대로 살아볼게요."

그리고 우리 아들 내외, 딸 내외가 할머니 발을 씻겨 드리며 할머니에게 감사의 말씀을 전하고 사랑을 고백해 드렸다. 우리

내외는 망원동 처녀 목회지, 그리고 개척교회를 섬기느라 아이
들 양육은 늘 할머니 몫이었으니 손주 녀석들의 고백을 담은 눈
물은 식구들의 가슴을 적시었다. 그리고 내 아내가 시어머니 손
발을 씻겨드렸다.

"내 친정 엄마에게 받은 사랑보다 어머니에게 저는 더 큰
사랑을 받았어요. 친정 엄마와 목욕탕 가본 적 없지만 어머니를
목욕탕에 모시고 가서 등 밀어드리는 시간이 참 좋았어요. 우리
가 부부싸움을 해도 어머니는 아들 편이 아니라 항상 제 편이셨
지요."

울며 눈물로 씻어드리는 아내의 세족식은 우리 모두의 눈
물을 쏙쏙 다 빼놓았다. 물론 지난 60년 친구처럼, 애인처럼 함
께 살아온 나도 어머니의 손발을 씻겨드렸다.

그리고 우리 가족 평생 잊을 수 없는 성찬성례전을 어머니
마지막 길에 집례했다.

"엄마, 이건 우리 예수님의 몸이야. 엄마, 이건 우리 예수님
의 피야."

숟가락에 포도주를 붓고 빵을 녹여 천국 가시는 내 어머니
입에 넣어드렸다. 이것이 '내 어머니 임종 예식'이었다.

나는 신학대학원 시절 충신교회에서 아동부와 청년 대학부 교육전도사로 섬기고 있었다. 전임 전도사, 부목사 생활도 해본 적이 없건만 신대원 졸업과 동시에 망원제일교회 담임으로 부임을 했다. 평생 참 열심히 그리고 열정적으로 교회를 섬기며 살아왔지만 내 젊음을 불태우며 생명 아까운 줄 모르고 살았던 시절이 이곳 처녀 목회지였다. 나는 이곳에서 목회의 행복도 알게 되었고 교회 부흥도 맛보았다.

내가 충신교회를 떠나던 날 박종순 목사님께 이임 인사를 드렸더니 목사님께서 두 가지 말씀을 주셨다. 첫째는 처녀 목회지이니 말씀대로, 배운 대로 목회를 하고 실패를 하든 성공을 하든 멋지게 해보라는 말씀이었다. 둘째는 불혹의 나이가 되기 전에 그곳이든 다른 길이든 평생 섬길 목회지 사명의 땅을 찾으라는 말씀이었다. 분초를 쪼개며 목회에 미쳐 살다보니 내 나이 사십이 다가오고 있었다. 어, 불혹의 나이가 되고 있네! 그래서 결단한 것이 맨손·맨몸·맨땅 3맨 개척의 길이었다.

　　사랑으로 섬기던 교회를 떠나는 것도 힘이 들었고 아무런 도움도 준비도 없이 교회를 개척하는 일도 쉬운 일이 아니었다. 눈보라 몰아치는 그해 추운 겨울 맨손으로 예배 처소를 찾아 헤매는 일은 참 외롭고도 고달프기만 했다. 권사님의 학원도, 장로님의 공장도, 집사님의 유치원 한 켠도 우리의 예배 처소로 준비된 곳은 없었다. 나는 금식하며 광야 빈 들도 좋으니 돗자리 한 자락 깔고 성경 올려놓을 보면대 하나만 있으면 족하니 예배 처소를 달라고 하나님께 떼를 쓰고 있었다.

　　이 일이 얼마나 스트레스가 되었던지 머리에 온통 붉은 반점이 솟구치고 있었다. 마치 욥처럼 가려운 머리를 벅벅 긁어대며 기도를 했다. 아내가 시장에 간다고 대문을 나섰다. 골목을 나서는 아내를 향하여 이층 난간에서 큰 소리로 아내를 불러 세웠다. "여보, 여보!" 아내가 뒤를 돌아보았다. "올 때 소주 한 병 사와!" 누가 머리 가려운 발진에는 소주로 머리를 감으면 효과가 좋다고 귀띔해 주었기 때문이었다. 이 큰 소리를 앞집에 살던 구 집사님 내외가 듣고 큰 시험에 들었다고 한다. 마냥 좋아하고 존경하던 목사님이 교회를 떠나더니 저토록 쉽게 타락을 했구나 싶었다고 한다. 물론 나중에 사연을 알고 실소를 금할 수 없었지만.

이 소주 넌센스 사건은 그 이후에도 또 한 번 있었다. 황수관 박사가 생선회를 먹고 패혈증에 걸려 안타깝게 별세를 했던 무렵이었다. 목사님들 사이에 소주를 마시며 생선회를 먹으면 패혈증에 걸리지 않는다는 얘기가 전해지고 있었다. 그래서 나도 배운 대로 생선회를 먹을 때는 생선회 접시 위에 소주를 한 병 부어 흘러내리게 한 다음 회를 먹곤 했다. 마침 친구 목사님들과 함께 빈 소주 병을 옆에 두고 회를 먹고 있었다. 그런데 평소 소주를 즐겨 마시던 우리 교회 집사님이 목사님 곁에 놓인 소주병을 보고 큰 위로를 받았다는 것이다. 이 또한 웃지 못할 넌센스 소주병 사건이 되었다.

신앙생활을 하다가 자기 혼자만의 생각과 판단으로 시험에 들지 말지어다. 또한 나의 생각 없는 말 한마디, 작은 행동 하나로도 누군가를 시험에 들게 할 수 있으니 시험에 들게 하지도 말지어다.

찬양 <오 신실하신 주> 2절 가사는 이렇게 흐른다.

"지나온 모든 세월들 돌아보아도 그 어느 것 하나 주의 손길 안 미친 것 전혀 없네."

이 노래는 나의 인생 고백이요, 내 목회 여정에 대한 신앙고백이다. 어느 날 교회밥 50년 여정을 더듬어 가며 기도를 하던 중, 소름이 돋았다. 내 인생 여정 한 걸음만 달리 디뎠어도 오늘의 나는 없었을 것이라는 생각이 문득 들었다.

하나님의 강권적인 인도로 신학대학에 가기로 결단했지만, 신학대학이 어디에 있는지 신학대학에는 어떻게 가는 것인지도 몰랐다. 그래서 서울에 사시는 이모부님께 편지를 드렸다. '신학대학교 입학원서 한 장 사서 보내달라'고. 신학대학 정보에 무지하기는 이모부도 마찬가지였다. 이모부가 아시는 한 가지 사실은 한국교회엔 '한경직'이라는 훌륭한 목사님이 계시다는 것뿐이었다. 이모부는 무작정 영락교회 한경직 목사님을 찾아갔다.

운 좋게도(?) 아니 감사하게도 한경직 목사님을 만나 조카가 신학대학에 가고 싶어 하는데 어찌하면 되느냐고 여쭸더니 친절하게 설명해 주시고 광나루에 가면 '장로회신학대학'이 있다고 안내해 주셨단다. 이것이 바로 내가 장신맨으로, 통합맨으로 살게 되는 출발이었다. 한 발자국만 다른 길을 걸었어도, 오늘의 나는 없다.

장신대에 합격하고 진주노회 거창군 시찰 내 사경회가 있어 참석을 하게 되었다. 부흥강사는 고척교회 김제건 목사님이셨다. 나는 생전 처음으로 매시간 앞에서 찬송인도를 했다. 마지막 시간, 김제건 목사님께서 함께 식사를 하자고 부르시더니 서울에 오면 고척교회로 오라고 사역 초청을 해주셨다. 그리하여 나는 장신대 입학과 동시에 교육전도사가 되어 사역을 하게 되었다. 이 부흥 사경회가 없었다면, 내가 가는 길은 달라졌을 것이다.

장신대 졸업반 여름방학 때 우리는 임규일 목사의 부여 고향교회로 농촌 봉사선교를 갔다. 내가 맡은 일은 저녁 시간 텐트를 쳐놓고 부흥회를 인도하는 일이었다. 학교 측 지도교수로 참석하셨던 분이 박병달 학생과장이었다. 봉사활동을 마치는 마지막 날, 박병달 과장이 나에게 한남제일교회 중고등부로 와달라고 간곡하게 초대해주어 나는 고척교회 사역을 마무리하고 장신대 대학원(M.A.) 2년을 보내며 한남제일교회에서 섬길 수 있었다.

나는 공군 장교가 되어 정신교육 장교로 대전에서 군 생활을 시작했다. 주일 아침, 막 100일을 지나는 큰아이 단비가 열이 나 일찌감치 병원에 갔다가 가까이 보이는 대전세광교회 예배에 참석을 했다. 함경보 목사님은 낯선 제복의 청년을 보자 손을 잡고 사택으로 끌고 들어가 점심 식사를 대접해 주셨다. 이야기를 나누던 중 내가 기독교 교육을 대학과 대학원에서 전공한, 교단 내 10명도 안 되는 교육전공자임을 아시고 바로 그다음 주일부터 세광교회 아동부와 청년부를 맡겨주셨다. 우리 단비 감기만 안 걸렸어도, 오늘의 나는 없었을 것이다.

그도 그럴 것이 공군 장교 전역과 함께 나는 신대원 2학년에 복학을 하게 되어 서울로 와야 했다. 함경보 목사님은 나를 서울로 보내며 내 앞에서 충신교회 박종순 목사님께 전화를 하셨다. 여기 박종순 목사님 청년 시절을 보는 듯한 한 놈이 있으니 무조건 사역자로 받으라는 강권적 추천이었다. 박 목사님은 껄껄 웃으시며 "형님이 받으라면 받아야지요" 하셨다. 이것이 충신교회 사역의 시작이었다. 지나온 걸음걸음 돌아보니 소름이 돋는다.

50년 교회를 섬겨온 목회 여정에서 이력서, 자기소개서, 추천서를 내고 섬길 교회를 찾은 적은 단 한 번도 없다. 요즘 우리 교역자들이 청빙 공고를 보고 지원서를 내는 모습을 보고 있노라면 안타깝기도 하고 안쓰럽기도 하다. 함경보 목사님의 전화 한 통화로 신학대학원 시절 충신교회에서 아동부 그리고 청년 대학부를 섬기며 목회를 배울 수 있었다. 이 기간은 목회학적으로 내 인생에서 참 중요한 시간이었다. 학교에서는 신학과 목회의 원리를 교회에서는 목회의 영성과 실천을 배우는 기간이었다.

'바른신학 균형목회'라는 원리를 가르쳐주신 분이 바로 충신교회 박종순 목사님이셨다. 총회를 아끼고 교회를 사랑하는 교회론을 배운 곳도 바로 이곳 충신교회였다. 이 무렵 나는 신학대학원 졸업반 회장으로 섬기며 380명 동료들을 각 교회로 파송하는 너무나 소중한 일을 감당하고 있었다. 380명 모든 동료를 각 교회로 파송하고 나니 정작 나는 갈 곳이 없었다. 섬기던 충신교회에서 교육전도사로 섬기며 하나님의 때를 기다릴 수밖에 없었다.

그해 가을 어느 주일 아동부 예배를 마치고 잠시 쉬고 있는데 망원제일교회에서 전화가 왔다. 망원제일교회는 내가 성자로 부르는 이상양 전도사님이 시작한 교회이다. 전도사님이 별세하고 김기복 목사님이 목회를 하시다가 부산으로 떠나신 후 잠시 교회가 큰 갈등과 어려움을 겪고 있었다. 후임을 찾느라 매 주일 다른 목사님이 소위 선보는 설교를 하시고 당회, 제직회가 모여 평가를 하고 있었다. 그 주일 오셔서 설교를 하기로 되어 있는 분이 갑작스런 사유로 못 오시게 되었단다. 갑자기 주일 11시 설교를 맡아 달라는 부탁의 전화였다. 택시를 타고 달려가 주일 예배를 드렸는데, 시편 42편으로 설교를 하게 된 그날을 나는 평생 잊을 수가 없다.

교회 사무실에서 권사님들이 차려준 국수 한 그릇을 먹고 나니 장로님들이 들어오셨다. 그 사이 당회, 제직회가 나를 담임으로 청빙하기로 결의를 했단다. 번갯불에 콩을 구워도 이리 빨리 구워질까? 전쟁이 나서 피난길을 떠나도 이리 빨리 이사를 할 수 있을까? 이리하여 나는 부목사도 전임전도사도 해보지 못하고 망원제일교회 담임 전도사가 되었다.

첫 목회지 망원제일교회는 내 목회의 첫사랑이다. 모든 것이 낯설고 처음 해보는 사역인지라 신기하기도 했고 신나기도 했다. 심방도, 장례 예식도, 결혼 주례도, 병든 자 안수도, 전도 잔치도, 축도도, 세례 집례도, 성찬 성례전도… 모두가 처음이었다. 너무 재미있고 신이 나 생명조차도 아까울 것이 없었다. 망원동, 마포 일대가 들썩들썩할 만큼 참 야단스럽게 목회를 했다. 교회는 크게 부흥되었고 귀신이 떠나고 병든 자가 낫고 새가족들이 구름떼처럼 몰려왔다.

돌이켜 보면 은혜 아닌 것이 없었고 감사하지 않은 일이 없었다. 하나님이 나를 선택하셨으면 내 인생, 내 목회를 인도하시는 분은 하나님이시다. 내게 분명한 확신 한 가지가 있다. 목사의 인사권은 하나님께 있다는 것이다. 내 인생 어느 한 발자국도 하나님의 인도, 하나님의 손길 아닌 것이 없다. 한 발짝만 달리 디뎠어도 오늘의 나는 없다.

앞에서 날아오는 돌이 운명이라면 숙명은 뒤에서 날아오는 돌이다. 구원론을 출발점으로 삼으면 운명론이 되고, 도착점으로 삼아 뒤돌아보며 고백하는 신앙 고백적 진리가 예정론이다. 하나님의 주권론에서 구원과 관계된 교리가 예정론이라면 하나님 자녀들의 일상과 관계된 교리가 섭리론이다. 70년을 살고 뒤돌아보니 내가 하나님의 자녀가 되고 구원받아 천국 백성으로 살아가는 건 무조건적 선택이요, 예정 안에서 이루어진 하나님의 은혜이다. 살아온 삶의 자국자국 모두가 하나님의 사랑의 손 안에 이루어진 섭리였다. 한 발짝만 달리 디뎠어도 오늘의 나는 없다.

나는 제106회기 총회장에 취임하자마자 한국교회총연합 활동을 시작할 수 있었다. 가보니 한교총 정관에 의해 예장통합 측 총회장이 차기 이사장 겸 공동대표회장이 되게끔 정해져 있었다. 그러나 정관 개정 논의가 이미 시작되었고 공동대표회장에서 1인 대표회장 체제가 대세 여론이 되어 있었다. 우리 교단은 수많은 도전에도 불구하고 제1대 1인 대표회장의 자리를 빼앗기지 않았다. 한교총 제1대 1인 대표회장이 바로 예장통합 총회장 류영모 목사였다. 우리 교회 소재지가 강북권역이 아니었더라면, 내가 제106회기 총회장이 아니었더라면 한교총 1대 1인 대표회장 사역은 나와 상관이 없는 자리가 되었을 것이다. 하나님의 주권적 섭리요 은혜로 주어진 위치이니만큼 나는 두려움과 떨림으로 감당했다. 그 1년 동안 기독교 관련 일반 언론보도에서 긍정 보도가 부정 보도를 넘어섰는데, 그것은 빅데이터 조사 이후 최초의 쾌거였다.

제97회기 때 나는 총회 서기로 섬기다 여러 절차와 논의를 거쳐 CBS 재단 이사로 파송을 받았다. 한국교회 연합사역 현장에 나가보니 우리 교단이 곳곳에서 왕따를 당하고 있었다. 그리고 CBS 재단 이사회에서도 내정이나 된 듯 어떤 분이 차기 이사장으로 공공연하게 정해지는 분위기였다. 그러나 법은 아니지만 관례에 의하면 통합 측 이사 중 한 사람이 우선순위를 갖도록 되어 있는 회기라는 걸 알게 되었다. 교단 자존심상 차려놓은 밥상을 빼앗길 수는 없었다. 경쟁과 대화와 설득 등 할 수 있는 모든 방법을 동원해 단 한 표 차이로 내가 제27대 CBS 재단 이사장에 취임했다. 우리 교단에서 총회장을 역임하지 않은 이사가 이사장이 된 건 처음 있는 일이었다. 때마침 이사로 파송받은 것이 아니라면 있을 수도 없는 일이었다. 그래서 한 발짝만 달리 디뎠어도 오늘의 나는 없다고 고백을 하는 것이다. 총회장으로, 한교총 최초 1인 대표회장으로, CBS 재단 이사장으로 섬기는 이 일이 한국교회 사상 처음 있는 영광스러운 일이지만 내 노력으로 내가 잘나서 섬길 수 있는 일이 아니었다. 오직 하나님의 은혜요 하나님의 주권적 섭리이기에 한 걸음만 빨리, 더디 혹 달리 디뎠어도 오늘의 나는 있을 수 없는 하나님의 사랑이었다고 고백하는 것이다.

하나님을 섬긴 내 인생 여정 가운데 가장 잘한 일 한 가지를 들라면, 한소망교회를 개척한 일이라고 대답할 것이다. 충신교회를 떠나 망원제일교회에 부임하던 날 박종순 목사님은 기도해 주시며 불혹의 나이가 되기 전에 평생 섬길 사역지가 어딘지 기도를 하라고 조언을 해 주셨다. 불혹의 나이가 되기 전 38~39세 되던 그때 내 앞에는 정말 다양한 길이 펼쳐지고 있었다. 가고 싶은 길은 하나둘 끊어지고 나는 교회 개척의 길로 갈 수밖에 없었다. 아니 교회 개척 사명에 가슴이 열리고 불이 붙었다. 한소망교회가 없었다면 오늘의 나는 없다. 모든 것이 은혜요, 하나님의 사랑의 섭리였다. 한 발짝만 달리 디뎠어도 오늘의 나는 없다.

"엄마, 엄마, 하나님이란 분 대따 부자인가봐."

그 부자 하나님은 아버지가 없는 나의 아버지가 되셨고,

그 하나님의 집은 내가 뛰어놀고 예배하는 우리 집이 되었다.

가난하게 살던 내가 처음 만난 하나님은 부자 아버지셨다.

그 이후 평생 내 마음은 부요롭기만 했다.

하나님이 우리 아버지라서 참 좋았다.

육신의 아버지는 없었지만

하나님을 아버지라고 부르며 사는 게 너무 좋았다.

2장

목회 현장에서 피어난 이야기

서정식 장로는 우리 교회 최초의 여성 장로이다. 구역 목장을 80여 개나 만든 입지전적인 인물이다. 나이가 차 은퇴를 기다리는 시간, 만 가지 생각들이 주마등처럼 지나간다. 왠지 허전하고 아쉽고 붙들고 살던 끈을 놓는 것만 같았다. 그러나 은퇴 예식을 통하여 받은 감동, 성령의 위로, 감사, 보람 속에 달려왔던 사명이 더욱 또렷해지는 은혜를 받고 울고 또 울었다. 그 이야기를 나눠보려 한다.

경상도 말에 "욕봤습니다"라는 인사말이 있다. 이 지역 분들은 "참 수고 하셨습니다"라는 뜻으로 말을 하지만 그 본래 의미가 그리 좋은 말은 아니다. 지인의 항존직 은퇴 예식에 참석해 본 적이 있다. 임직 예식 마지막 순서 때 소개하고 축복 기도 해드리는 게 순서의 전부였다. 소위 끼워팔기식 순서였다. 마치 "욕봤습니다" 하고 보내드리는 것만 같았다. 그때 나는 결심했다. '나와 함께 교회를 섬기다 은퇴하는 분들의 예식을 결코 끼워팔기 예식으로 갖지는 않으리라! 최고로 영광스러운 시간, 인생의 절정, 생의 보람과 감사가 넘치도록 해보리라' 다짐했다.

그리고 부족한 사람 내가 총회장으로 섬기던 시절 '예식 개정위원회'가 모든 예식을 성경적으로 다듬어 재발간하고 있었다. 그때 나는 개정위원장 박노택 목사에게 간곡히 한 가지 부탁을 했다. 어떤 예식도 끼워팔기 예식은 없으니 모든 예식을 따로 하는 모범을 만들어 달라고.

특별히 그동안 세례 예식에 끼워 넣던 입교 예식이나, 임직 예식에 끼워 넣던 항존직 은퇴 예식은 그래도 좋을 만큼 가벼운 예식이 아니다. 반드시 날짜 시간을 따로 준비하여 그분들만을 위한 신학적 의미를 살리고 최고의 감사와 감격을 만들어내야 한다.

지난해 12월 3일 주일 3부 예배는 우리 교회 항존직 은퇴 감사 예식으로 드려졌다. 장로 5인, 안수집사 7인, 권사 25인 도합 37명의 은퇴 감사 예식이었다. 그중 이재환 장로는 우리 교회 최초 원로장로로 은퇴를 하게 되었다. 외국에 나가 살던 자녀들 가족이 모두 들어와 그동안 교회를 섬기던 아버지의 자랑스런 모습을 영상으로 담아 깜짝 쇼로 만들어드렸다. 나는 시편 92편 말씀을 봉독하고 <여전히 결실하며 빛이 청청하리>라는 제목으로 설교를 했다.

그동안 그분들이 교회를 섬겼던 아름다운 모습을 격려하고 은퇴 이후 더 빛나는 신앙인, 사역자로 살아가자는 비전을 나누었다. 은퇴라는 의미를 담은 영어 단어 'retire'는 타이어를 바꿔 달고 달린다는 뜻이다. 직임엔 은퇴가 있지만 사명엔 은퇴가 있을 수 없다. 그리고 축복기도 시간에는 내 눈이 뜨거워져 고장난 수도꼭지처럼 눈물이 흐르고 있었다. 우리는 모두 감사해서 울었고, 기뻐서 울었고, 내일에 대한 기대로 울었다. 사실 그분들의 수고, 땀, 눈물, 헌신이 있었기에 한소망교회가 있고 나의 목회가 있었던 것이다. 모두 오늘까지 살아남아 건강하게 은퇴할 수 있어서 감사했다.

마지막 순서는 37명 모두가 강단 위로 올라와 서고 모든 교인들이 두 손을 뻗어 <이 산지를 내게 주소서>라는 찬송으로 하나님을 찬양하고 목사가 강복을 선언했다. 아! 얼마나 아름답고 은혜로운 시간이었던가!

감동의 입교 예식

끼워팔기식으로 해치울 수 있는 교회 예식은 없다. 예식이 가지고 있는 성경적, 신앙적 의미를 충분히 살릴 수 있도록 기도로 준비하고 잘 기획된 예식이 되도록 해야 한다. 반드시 날짜, 시간을 따로 정하여 그 예식 자체가 주인공이 되도록 해야 한다.

2023년 5월 한소망교회에서는 42명의 입교 예식이 있었다. 한 가정에서 3명의 자녀들이 입교하는 가정이 첫 번째 영상의 주인공이었다. "신앙적 부모님에게서 태어난 것 감사하고, 우리를 믿음으로 키워주셔서 감사해요." "우리가 아이들을 돌보았다기보다 우리가 아이들에게서 배운 게 더 많았어요. 이제 믿음의 성인이 되어 자신의 입으로 믿음을 고백하는 모습이 얼마나 대견하던지요." "감사한 일이 또 있어요. 이 뱃속에 하나님의 자녀가 또 한 명 자라고 있어요.(웃음)"

두 번째 영상의 주인공 가정은 척수종양으로 죽음의 고비를 넘기고 잘 자라서 입교 예식에 참여하게 되는 딸을 둔 가정이었다. "눈물과 기도로 연약한 나를 오늘까지 지켜준 엄마 아빠 고마워요." "(엄마는 눈물을 훔치며 울기만 한다) 엄마 아빠 딸로 태어나주어서 고마워. 엄마가 더 많이 기도하고 더 많이 사랑할게." 그리고 아이의 이름을 부르며 "아무개야 사랑해, 아무개야 축하해, 아무개야 믿음으로 성장하는 네 모습이 너무 멋있다"는 메시지가 담긴 축하 영상이 송출된다.

입교 예식은 첫 번째 성찬 예식과 함께 진행되었다. 예식에서 성경에 비추어 세례가 갖는 의미, 성찬의 의미를 듣는 말씀의 시간은 너무나 소중하기만 하다. 세례는 우리의 죄가 예수 안에서 온전히 씻겨지고 하나님의 자녀가 되었음을 확인하는 시간이다. 세례는 예수와 함께 우리가 이미 죽었고 예수와 함께 부활의 삶을 사는 자신의 존재적 가치를 확인하는 예식이다. 세례는 성령이 임재하여 세상 끝날까지, 아니 영원히 우리와 함께 하실 것을 확인받는 시간이다.

성찬은 예수께서 영적으로 빵과 잔에 임하시는 사건이다. 예수님의 죽으심과 부활하심, 그리고 우리 안에서, 우리 곁에서, 우리 위에서, 우리와 함께하심을 기념하는 사건이 성찬 예식이다. 예수님이 우리 안에 임하셔서 우리의 왕이 되시고 우리의 구세주가 되시고 우리의 주님이 되신 사건을 기념하는 것이 성찬 예식이다. 이 어찌 감격스럽지 않을 수가 있는가? 믿음 안에서 기적이 많지만 내가 구원받은 이 사건보다 더 큰 기적은 없다. 신앙생활에 감사한 일이 많지만, 주님의 몸과 피를 먹고 마시는 이 일보다 더 큰 감사는 없다. 성찬에 참여한 자는 천국에 가서도 주님과 함께 식탁에 마주 앉을 것을 약속받게 된다. 아! 이 얼마나 아름다운 장면인가?

세례와 첫 번째 성찬이 나누어진 다음엔 부모와 아이가 마주 섰다. 부모는 아이의 목에 니무 십지기를 걸어준다. "우리의 주님, 우리의 아버지가 너의 주님, 너의 아버지가 되었구나. 엄마 아빠를 구원하시고 지켜주신 하나님이 너를 구원하시고 끝날까지 너를 지켜주실 거야." 축복하고 안아줬다.

입교 예식에 동참한 모든 자녀들이 강단에 올라와 서고 전교인들이 일어나 두 손을 뻗고 파송의 찬송을 부른다. "너의 가는 길에 주의 평강 있으리, 평강의 왕 함께 하시니. 너의 걸음, 걸음 주 인도하시리. 주의 강한 손 널 이끄시리."

필자의 졸저「꿈대로 되는 교회」라는 책은 '나침반'사가 발간한 교회 부흥 체험기 시리즈 가운데 여섯 번째 책이다. 그 책 가운데 지금의 예배당 비전채플과 관련된 재미있는 에피소드 한 토막이 소개되고 있다.

당시 우리는 340평 정도 되는 유치원 부지에 1천 평 정도 예배당을 건축하고 교회 부흥 일로를 달리며 행복하게 목회하고 있었다. 어느 새벽 예배 '비전'에 관한 설교를 하고 예배당을 나서는데 낯선 부인이 예배당 밖에서 나를 기다리고 있었다. "목사님, 저는 신비주의자도 아니고 환상을 본 적도 없는 타 교회 교인입니다. 오늘 목사님의 설교를 듣고 기도를 하던 중 이상한 감동을 받았습니다. 오늘 목사님의 비전을 펼치려면 1만 평의 땅이 필요하겠구나, 라는 뜬금없이 지나간 생각이 사라지지 않았습니다. 그리고 이 감동을 목사님께 전하라는 가슴의 소리가 있었습니다."「꿈대로 되는 교회」라는 책이 1999년 11월에 발간되었으니 아마도 1998년쯤이나 있었던 일이었을 것이다. 그리고 3~4년이나 지난 2002년 한 치의 오차도 없이 정확히 1만 평 건축 부지를 구입하게 되었다.

어렵사리 땅은 구입했지만 1만 평 땅 위에 1만 평이 넘는 예배당을 건축하는 일이 어찌 쉬울 수가 있으랴! 당회가 1차 건축위원회를 구성했지만 출발도 하지 못하고 해산을 했다. 2차 건축위원회를 구성하고 설계를 하던 중 위원장의 사표로 모든 위원들도 사표를 내고 말았다. 도무지 임두가 나지 않았던 모양이다.

나는 기도 중 장로님들 가운데 당시 40대 초반 젊은 장로를 건축위원장으로 임명했다. 장로님은 나름 성공적인 사업을 펼치다가 IMF 강풍으로 사업을 접고 새로 시작한 사업마저 법적 갈등에 휘말리고 있어 인생 최대의 환난을 겪고 있었다. 그가 바로 비전채플 건축을 마무리해준 윤한진 장로이다. 건축위원으로는 설계사 김혜완 장로, 감리사 천명선 장로, 건설회사 부사장으로 있던 송근 장로를 임명했다. 모두가 40대 초반 젊은 장로들이었다.

나를 포함한 다섯 명 우리 건축위원들은 하루가 멀다 하고 매일 만나 기도하고 의논하고 밥을 먹었다. 건축이 진행되는 2년여 기간 동안 족히 200번 이상의 밥을 함께 먹었으리라. 건축이 시작되고 완공되는 그날까지 우리 건축위원들은 식사비, 활동비, 교제비 등에서 교회 돈을 한 푼도 쓰지 않았다. 그러니 식사 시간마다 장로님들은 서로 식사비를 내겠다고 싸우기 일쑤였다. 이 싸움을 말리는 묘책을 내가 제시했다. 이 재미있는 묘책은 건축이 끝나는 그날까지 아니 그날 이후로도 종종 시행된 묘안이었다. "장로님들, 제가 식사 기도를 하다가 기도 중 한 분 장로님의 이름을 언급하게 될 겁니다. 그러면 그 밥값은 언급된 장로님이 내시는 겁니다. 때로 한 분의 이름도 등장하지 않을 때는 제가 밥값을 내는 겁니다." 함께 박장대소하며 이 묘안에 동의를 했다.

하루가 멀다 하고 다섯 명이 모였으니 서로의 가정과 개인사에 무슨 일이 있었는지, 반려견 새끼 낳은 일까지 소상히 서로 알고 있었다. 나는 기도 중 오늘 밥값은 누가 내야 하는지 잘 알고 있었다. 마땅한 분이 없으면 내가 내면 그만이었다. 왜 서로의 생각에 차이가 없었겠으며 왜 서로의 마음이 꼭 같기만 했으랴. 그러나 단 한 번도 서로의 불편을 표현하거나 갈등을 표출한 적이 없었다. 2년 동안 우리는 웃기만 했고 서로 격려만 했으며 감사만 했다. 이분들 외에도 우리 교회 당회 안에는 밥값 서로 내려고 싸우는 장로님들로 가득하다.

30여 년 전, 어느 영성훈련장에서 자신이 '하나님의 귀한 선물'이라 고백하는 하귀선 청년 찬양 사역자를 만났다. 오랫동안 마산 결핵요양소에서 치료를 받고 결핵균이 사라져서 막 퇴원한 청년이었다. 그녀가 내게 건네준 찬양 CD 커버엔 그녀의 폐를 찍은 엑스레이 사진과 그녀 주치의의 소개글이 있었다. "한쪽 폐가 완전히 사라지고 나머지 폐마저도 상엽 부분만 조금 남아있는 이 사람이 걸어 다니는 건 하나님의 은혜요, 이 사람이 찬양할 수 있다는 건 하나님의 기적이다."

그녀가 사랑하는 사람을 만나 결혼하겠다고 찾아왔길래 결혼 생활엔 숨찬 일이 수시로 있을 텐데 괜찮겠느냐고 농담을 주고받았다. 결국 그녀는 결혼했고 남편은 목사가 되었으니 쉽지 않은 사모의 길을 시작하게 되었다. 힘든 사모의 길을 걷다가 아파하고 힘들어하는 사모들을 많이 만나면서 농어촌 미자립교회 사모들을 위로하는 '사모데이'를 매년 3월 5일에 갖자고 주창했다.

어느 날, 사모데이를 선포한지 13년이 지났다면서 목사님 은퇴하시기 전 한소망교회에서 사모들을 한번 위로해 주었으면 좋겠다고 요청을 해왔다. 그리하여 2024년 3월 5일, 이 글을 쓰는 오늘 우리 교회에서 1천여 명의 사모들이 모여 하루 종일 은혜의 잔치를 벌이고 있다. 개회 예배 기도를 맡은 '인천 이문교회 손동순 사모'의 대표 기도를 듣다가 웃음이 터졌다. 웃고 있는데 눈물이 난다.

"아버지, 저의 친정엄마 말씀이 시집가면 귀머거리 삼 년, 소경 삼 년, 벙어리 삼 년, 석삼년을 잘 지내거라. 들어도 못 들은 척 보고도 못 본 척 그리고 시집가면 서방님한테는 입 안의 혀처럼 굴어야 한다고 했습니다. 그런데 지금까지 살아오면서 보니 그 석삼년이 평생이라는 걸 몰랐습니다. 사모라는 이름이 주어진 그날부터 잘하든 못하든 사람들에게 표적이 될 때가 많았습니다. 착한 성도 열 명이 있어도, 그렇지 않은 한 명 때문에 눈물로 밤을 지새우며 가슴앓이 한 적이 한두 번이 아니었습니다. 우리 집엔 시어머님이 한 분이건만 교회 안에는 어찌 그리 시어머니가 많은지요."

우리 교회가 실시하는 영성훈련 프로그램들 가운데 '뜨레스 디아스'라는 프로그램이 있다. 모든 참가자들이 자신의 아픔과 상처를 치유받고 자기를 가두고 있던 벽들이 무너져 새롭게 예수님을 만난 기쁨에 감격의 눈물을 흘린다. 한 사람 두 사람 무너져 가는 사이 제일 마지막에 무너지는 사람이 목사님들이다. 얼마나 힘들었을까. 얼마나 아팠을까 싶어 매번 가슴앓이를 하게 된다. 그러나 이 마지막 시간까지도 눈물샘이 터지지 않는 한 사람이 있다. 바로 사모님들이다. 힘들고 아프다 못해 가시밭이 되고 얼음장이 되어버린 탓이었다. 그분들이 주님을 만난 기쁨에 울기 시작할 때면 나도 따라 통곡하곤 한다. 예외가 없진 않겠지만 사모가 되신 분들은 대개 청년 학창 시절 헌신적이고 믿음이 좋은 분들이었다. 꿈도 많고 똑똑하신 분들이다. 세상 파도가 아니라 교회 파도에 시달려 꿈을 잃어버리고 쓴 뿌리에 가시밭이 된 분들이 꽤나 있었던 모양이다.

사모데이(3월 5일)!

한국의 모든 교회들이 이 날을 사모데이로 선포하고 교회를 섬기는 각 교회 사모님들을 한번 쯤은 위로하고 격려하면 어떨까?

한소망교회 산실은 은평구 신사동에 있는 피노키오 유치원이었다. 서울 어느 교회 최덕식 장로님이 임시 기도처로 빌려준 이곳에서 우리는 6개월여간 기도회로 모였다. "아무것도 가진 것 없는 한소망교회가 오직 하나님의 은혜로 잘 세워질 수 있게 도와주세요."

어렵사리 은행 문이 열려 돈을 몇천만 원 빌릴 수 있었다. 당시 농촌 마을 고양시 능곡 빈 들에 세워진 근린 상가 시설 지하실 한 켠을 예배당으로 계약하게 되었다. 그곳에서 지하실 40평 한 켠을 예배당으로 계약한 건 정말 하나님의 은혜요, 기적이었다. 일산 땅은 신도시가 세워지기 위해 허허벌판으로 정리정돈이 되고 있었다. 모든 주민, 상가, 교회들이 신도시 밖으로 밀려 나와 공간 차지 전쟁을 치르고 있을 때였다. 어지간한 건물엔 작은 예배당 간판이 서너 개씩 붙어 있었다.

주변 교회들을 찾아다니며 선배(?) 목사님들께 인사를 드리고 목사님들 식사 자리가 마련되었다. 나는 그날 감자탕집에서 나누었던 얘기를 평생 잊을 수가 없다. 목사님들이 위로차 내게 주신 말씀인즉, 지금 이곳 능곡 땅에는 절대로 절대로 개척교회가 세워질 수 없다는 개척 불가 철학이었다. 개척 불가 철학엔 정확한 논리와 이유들이 있었다.

첫째, 조그마한 마을에 교회가 너무 많아 개척이 안 된다.

둘째, 100년 된 교회들이 있을 만큼 이미 큰 교회들이 너무 깊이 뿌리를 내리고 있으니, 개척이 안 된다.

셋째, 주민들이 곧 신도시가 세워지면 이사들을 해야 하니 등록을 하지 않는다. 예배엔 오지만 마음을 주지 않으니 개척교회가 될 수가 없다.

넷째, 자신의 교회가 가까이에 없는 사람은 너도나도 떠돌이 교인들이니 개척교회가 설 수 없다.

그분들은 모두가 개척 불가에 확실한 신념과 논리를 가지고 있었다. 그날 밤 나는 개척될 수밖에 없는 네 가지 철학을 만들어 내 책상머리에 크게 써 붙였다.

1. 교회가 많으면 부흥의 때가 온다. 우리는 전무후무한 부흥의 계절이 오게 할 것이다.

2. 100년 된 교회가 즐비하다면 새바람을 일으키는 신흥 교회를 기다린다는 뜻이다. 우리는 반드시 이 땅에 새바람을 일으키는 교회가 될 것이다.

3. 교인들이 마음을 안 주면 내가 진심을 준다. 내 심장을 쪼개면 얼마나 아름다운 교회에 대한 비전과 그림이 담겨 있는지, 내 심장을 보여줄 것이다.

4. 옳거니! 떠돌이 교인들, 한 번은 우리 교회에도 오겠구나! 한 번만 와봐라! 내가 진돗개처럼 물고 놓지 않으리라!

나는 절대로 개척교회가 안 되는 이곳에서 절대로 개척될 수밖에 없는 논리와 철학을 만들었다. 아니 이미 내 안엔 긍정의 철학으로 가득 차 있었다. 하나님께서 내게 믿음의 은사, 긍정의 은사를 부어주셨다.

맨손·맨몸·맨땅 3맨. 교인 한 명 없이, 돈 한 푼 없이, 예배드릴 공간 한 평 없이 세워진 교회가 30년 만에 초대형교회가 되었다. 개척교회를 하고자 하는 목사와 교인들에게 가장 필요한 건 건물도 재정도 많은 개척멤버도 아니다. 부어주시는 하나님의 은혜 그 가운데서도 믿음의 은사가 가장 필요하다. 교회가 잘될 수밖에 없는 논리와 철학에 불을 붙이는 그 믿음 말이다.

한 건 건물도 재정도 많은 개척멤버도 아니다. 부어주시는 하나님의 은혜 그 가운데서도 믿음의 은사가 가장 필요하다. 교회가

잘될 수밖에 없는 논리와 철학에 불을 붙이는 그 믿음 말이다.

1990년대 초 수도권엔 5개 신도시가 개발되고 있었다. 바로 이 무렵 한소망교회가 개척되고 있었다.

'이리 갈까 저리 갈까 차라리 돌아갈까?' 유행가 가사가 당시 개척지를 찾는 나의 주제곡이었다. 내 아버지는 6.25 전쟁 인천 상륙작전에 참전하셨다가 적탄에 맞아 고생을 하시며 돌아가셨다. 내 아버지가 나라를 지키다 북녘땅에서 피를 흘리셨다면 나는 한민족 내 나라에 복음을 전하다 죽으리라, 그래서 북한 땅이 보이는 일산 신도시를 개척지로 정하고 한국의 소망, '한소망교회'라는 이름으로 교회를 설립하게 되었다.

일산 신도시 첫 입주 지역이 백송마을이었다. 우리는 신도시에 들어갈 만한 경제적 여유가 없어서 외곽 농촌 마을 능곡 지하실 조그만 한 켠에서 예배를 드리고 있었다.

입주 첫날부터 우리는 45인승 버스를 주일마다 빌려 백송마을 입구에 세우고 교회를 찾는 교인들을 유혹(?)하고 있었다.

하얀 모자 흰 장갑의 젊고 예쁜(?) 여성 승합차 운전사가 웃으며 버스에 타는 교인을 영접했다.

모두들 아마 이 마을 어디 큰 교회가 있는가보다 생각하고 일단 버스에 올랐을 것이다. 버스에 사람이 다 차면 승합차에도 몇 사람 올랐다. 버스와 승합차는 신도시를 벗어나 좁은 길 논길을 지나 논밭 가운데 서 있는 작은 근린상가 지하실 예배당 앞에 섰다. 이미 버스를 타고 오며 교인들은 느끼고 있었다. 아차, 큰 버스에 우리가 속았구나! 꼬부랑 지하 예배실 계단을 내려가며 이왕 온 김에 한 번쯤 예배를 드리고 가자라고들 생각했다.

몇 사람 안 되는 교인들과 버스를 타고 와 처음 예배를 드리는 사람들이 함께 드리는 예배에서 이미 모두 은혜에 젖어 마음은 뜨거워져 있었고 눈시울은 촉촉이 젖어있었다.

예배실을 나오면 흰 모자 흰 장갑 묘령(?)의 그 여인이 다시 안내를 했다. 나중에 알고 보니 그 여인이 개척교회 사모였다. 사람이 없을 때였으니 사모가 승합차 운전사, 주방장, 찬양대 지휘까지 도맡아 하고 있었다.

지금도 그때 교인들이 모이면 당시 얘기로 꽃을 피우곤 한다. "우리가 그때 큰 버스에 속았지?" "나는 흰 모자 흰 장갑 여인의 유혹에 속았어." "김균태 장로, 김혜완 장로, 이원영 장로,

배기명 장로 모두 속아서 장로 된 사람들 아냐?” “속아서 탄 버스가 농촌길 꼬부랑꼬부랑 갈 땐 아찔했는데, 그 지하실 첫 예배는 더 아찔했어!”

그때부터 지금까지 우리는 한 번의 예배에 생명을 건다. 한 명이 모여도 만 명이 모인 것처럼 설교하고, 만 명이 모여도 한 영혼을 소중히 여기는 목회를 하고자 최선을 다한다.

비 오는 날에 태어난 하루살이처럼 한 번 날아보지도 못하고 죽게 해서는 안된다. 어쩌다 한번 간 교회 예배가 그 영혼을 감동시키고 구원하지 못한다면 그 책임, 그 핏값은 누가 져야 할까? 속아서 탄 버스도 영원을 좌우할 수 있다.

나체촌 교회에 간 목사님

호주의 한 유명한 목사님이 나체촌 교회 헌신 예배 설교자로 초청을 받았다. 목사님은 옷을 입고 가야 하나 벗고 가야 하나 여간 고민이 되는 게 아니었다. 설교자는 회중들과 우리 의식(We-Feeling), 동질 의식이 중요하겠다 싶어 옷을 벗고 설교해야겠다고 생각했다. 나체촌 마을 입구에 차를 세우고 차 안에 옷을 벗어두고 예배당에 들어섰다. 그 사이 교인들 간에 격렬한 토의 끝에 경건하기로 소문난 목사님을 모시고 예배하는 이날만큼은 모두 옷을 입기로 결의하고 단정하게 옷을 입고 앉아 있었다. 당황한 목사님, 창세기 2장 25절 말씀을 읽고 '벌거벗었으나 부끄러워 아니 하더라'는 제목으로 설교를 했더란다. 누군가 우스갯소리로 만들어낸 얘기겠지만 우리에게 던져주는 시사점이 있다. 목사가 어떤 자리에서 어떤 옷을 입어야 하는가 하는 건 목회에서 대단히 중요한 문제이다.

한소망교회를 개척하고 처음 예배당을 건축한 다음, 목사가 주일예배 시간 목사 가운을 입을까 말까를 두고 논의와 나름의 연구가 있었다. 논의 끝에 우리 교인들에게 여론 조사를 하고 젊은 목사들로 하여금 예배학적으로 연구하여 발표도 해보았다. 결론은 예전적인 특별한 예배 외엔 가운을 입지 않기로 하고 지금까지 우리 교회는 예배 시간에 가운을 입지 않는다.

지금 우리 교회는 1만 명이 넘는 교인들의 평균 나이가 38.1세 정도이다. 그때도 우리 교회는 젊은 교회였다. 당시 우리 교인들은 가운을 거룩이나 경건으로 생각하지 않고 위선으로 받아들였다. 요즘 MZ세대들도 엇비슷하게 생각하는 것 같다. 우리나라 인구분포도를 살펴보면 MZ세대가 국민의 32%쯤 된다. 32% MZ세대들의 55%는 수도권에 거주한다. 지금 우리 교회에서 여론 조사를 다시 한번 해보면 어떤 결론에 도달할지 궁금하기도 하다.

한때 미국의 열린 예배 열풍이 우리나라 교회들까지 뒤흔든 적이 있다. '예배갱신학교'를 통해 열린 예배를 보고 온 성급한 목사들이 반바지에 남방이나 티셔츠를 입고 주일 강단에 섰다가 문제가 되기도 했다. 어떻게 해서든 구도자들에게 가까이 가고 그들과 동질 의식을 가지고 복음을 전하고자 했던 그들의 열정을 배우지 않고 껍데기 복장만 배웠던 탓이었다.

어느 사모 세미나에 가서 들은 하소연. 개척교회 사모 한 분이 복장을 깨끗하고 단정하게 입었더니 개척교회 사모가 치장만 한다고 시어머니(?)들이 꾸중을 하더란다. 그래서 허름하게 입었더니 교회 품위를 떨어트린다고 잔소리를 하더란다. 옷을 어떻게 입어야 하느냐고 넋두리를 해왔다. 그래서 내가 웃음으로 때워 넘겼다. 잘(?) 입으시면 되지요. 여기 '잘'에는 많은 뜻이 내포되어 있었을 것이다.

교인들을 생각하는 설교자 목사님도 초청 설교자를 배려하는 성도들도 참 잘했다. 그러나 소통과 대화가 부족했던 게 결정석인 실수였나. 복장은 너무 화려하여 기부감을 주어도 안 되고 허술하여 품위가 떨어져도 안 된다. 경건미가 없어도 안 되고 위선적으로 보여도 아니 될 것이다. 옷은 계절, 장소, 그 모임의 성격, 회중과 분위기까지 고려해야 하니 쉬운 일은 아니지만 분명히 잘(?) 입어야 한다.

니네 목사 자장면 배달 갔다

한 교회 성도들이 불의의 사고로 모두 함께 천국에 가게 되었다. 차례대로 주님 만날 시간을 기다리는 사이에 점심시간이 되었다. 한 집사님 앞에 풀코스 음식들이 배달되고 있었다. 그 교회 선임장로님이 "야, 집사가 저 정도 접대를 받는다면 내 앞엔 어떤 상이 차려질까?" 설렘으로 기다리는데 자장면 보통 한 그릇이 나왔다. 당황한 장로님이 심부름 천사에게 "나 장로요. 나 선임장로외다. 이런 억울한 일이 어디 있소? 우리 목사님도 여기 함께 왔으니 좀 불러주시오." 한참 자기 자랑을 늘어놓는데 심부름 천사 왈, "니네 교회 목사 자장면 배달 갔다"고 하더란다.

물론 우스갯소리이지만 교회나 천국에 서열이 있는 게 아니라는 교훈일 것이다. 또 이 땅에서의 칭찬과 존경이 반드시 천국에서 그대로 이어지는 게 아니란 교훈도 담겨 있을 것이다. 많은 사람들이 교회의 직분을 섬김과 사역으로 이해하지 아니하고 계급이나 신분으로 생각하곤 한다.

80년대 중반쯤 어린 나이에 전도사 신분으로 서울 어느 지역 담임교역자로 섬기고 있었다. 아무나 승용차를 타고 다니던 시절이 아니었다. 물론 담임교역자이긴 하지만 나에게 승용차가 있을 리 없었다. 장로님 한 분이 승용차를 타고 오셔서 우리 집 마당에 주차를 하고 우리 집으로 들어오셨다. 지금은 40대가 된 우리 아들이 네 살쯤이나 되었던 것 같다. 우리 아들이 장로님 좀 앉으시리고 히더니 대뜸, "장로님, 교회에서 목사가 높아요? 장로가 높아요?" 장로님이 웃으시면서 목사가 높다고 대답하셨다. 우리 아들 왈, "그런데 장로님은 자가용이 있고 우리 아빠는 왜 자가용이 없어요?" 따지듯 물었다. 네 살배기 아이 눈에도 교회의 직분에 계급이 있고 서열이 있다고 느꼈던 모양이다.

교회의 직분은 서열이나 계급이 아니고 섬기기 위한 사역이라는 사실을 가르치기 위해서 참 부단히도 노력을 해보았지만 한국교회 목회를 역류해서 우리 교회만 색다른 인식을 갖는다는 건 불가능하게만 느껴진다. 임직 예식을 마치 장례 예식을 치르듯 거행하며 십자가에 못 박기도 해보고, 교회 들어오는 입구에 장례식 검은 띠를 두르기도 하고, 그날만큼은 "축하합니다" 하는 인사 대신 "삼가 조의를 표합니다" 인사 훈련까지 해

보았다. 그러한 몸부림이 교회 혁신과 인식 개선에 도움이 안 된 건 아니지만 온전히 바꾸는 건 여전히 불가능하게만 느껴졌다.

개척 초기에 남녀선교회 회장, 찬양대 대장, 교회학교 부장 등을 임명할 때 기존 교인과 새신자를 섞어 조화롭게 임명해 보기도 했다. 회장이나 대장, 부장을 기존 성도로 임명하면 반드시 부감이나 총무는 새신자로 임명을 했다. 물론 회장이나 대장, 부장을 새신자 중에서 임명을 하면 부감이나 총무는 기존 성도로 임명하며 보좌하고 섬겨주도록 했다.

우리 교회는 우리 가족 5명이 안방에 앉아 예배를 드리고 개척을 시작한 교회이다. 개척 후 몇 주일은 그 누가 와서 등록을 해도 교인 등록을 받지 않았다. 물론 개척멤버로 참여하여 일정 부분 큰 봉헌을 하겠다는 분들도 있었다. 그것 또한 정중히 거절했다. 교회의 주인은 오직 주님 한 분이어야 한다는 나의 믿음과 원칙 때문이었다. 개척멤버들 가운데 개국공신처럼 평생을 우려먹으며 불행하게 신앙생활을 하는 분들을 많이 보았던 것도 그 이유였다. 그래서 우리 교회는 개국공신이 없는 은혜로운 교회이다. 천국 가서 자장면 배달하기 전 이 땅 교회에서 낮아져 섬기기를 기뻐하는 교회이다. 영성훈련에서는 장로님들을 비롯한 중진들이 앞치마를 두르고 식당봉사를 한다. 교회당을 다섯 번씩이나 옮겨 다니며 때로는 목사실도 없을 때가 있었고, 당회실이 없을 때도 많이 있었다. 천국에서는 앉아서 자장면이라도 먹고 싶다.

높아지고자 하는 자는 낮아져야 할지니라!

영원한 친구

해마다 여름이 되면 나는 장로님들과 함께 여름휴가를 떠난다. 2001년 여름부터였으니 어언 24년이 되었나 보다. 목사와 장로 부부가 함께 가지는 이 여름휴가를 우리는 설렘으로 기다린다.

나는 금년 말 은퇴를 하게 되었으니 담임목사 신분으로는 마지막 여름휴가가 되나 보다. 준비하던 장로님들이 책자 머리말을 써달라고 졸라서 기도하고 써 본 인사말을 그대로 옮겨본다. 내가 쓴 이 글을 읽다가 눈물이 고이는 것은 그만한 역사와 사연, 그리고 이유가 있을 것이다.

오! 영원한 친구,

행복한 마음, 즐거운 인생.

서로 다 같이 웃으며

밝은 내일의 꿈을 키우자.

하늘의 많은 별 중에

우리는 친구로 만났으니

다정하게 손잡고 행복의 노래를 부르자.

우리 세대가 젊은 시절 듣던, 약간은 혀 짧은 듯한 목소리 '나미'의 <영원한 친구> 노랫말을 어렴풋이 기억나는 대로 적어 본다.

해마다 여름이 기다려지는 건 무더위가 좋아서, 치는 파도 푸른 숲이 좋아서가 아니다. 목사 같지 않은 목사, 목사 같은 장로, 그 만남 그 모임이 그립기 때문이다. 세상 어떤 모임이 이렇게 진심일 수 있을까. 이렇게 평안일 수 있을까. 이렇게 행복일 수 있을까.

먼 옛날 지나버린 얘기 한 토막에도 웃음꽃이 피었다. 누구에게도 열지 못하고 숨겨둔 가슴 얘기 털어놓고 울고 있을 때 손에 꼭 쥐여 주던 손수건 한 장은 위로하시는 주님의 품이었다. 밤이 깊도록 나눈 얘기, 교회를 섬기고 험한 세상을 살아가는 큰 힘이었다.

땅을 뚫고 힘겹게 올라오던 새싹에겐 봄비 한 자락이 얼마나 고마웠을까. 한걸음 먼저 걸어가 본 사람의 따듯한 말 한마디가 새싹 장로에겐 고마운 봄비가 되었다.

그 싹이 자라 우뚝 큰 나무 되어 교회의 버팀목 되어 줄 때 교회는 큰 숲이 되었다. 그 그늘 아래 한소망 성도는 저마다 꽃이 되고 우리 교회는 어느덧 향기 나는 한국교회 꽃동산이 되었다.

비 그친 뒤 우산을 접듯 나이 들어가며 세상 친구들은 하나 둘씩 마음을 접고 떠나간다. 정말 우리 만남은 우연이 아니었나 보다. 우리의 신앙 우정은 영원을 이어간다.

장례식 날 너와 나의 추억을 그리며 울어줄 하늘 친구로 무르익어 간다. 하늘 성전 기둥에 네 이름 내 이름 쌓여져 갈 때 당신의 향취는 나의 감사, 교회의 자랑이 되리라.

하늘은 비를 주고 꽃은 내게 향기를 주듯 당신은 내게 가르침을, 고마움을, 행복을 준다. 그 모임 그 만남이 왜 그리도 기다려지는가, 누군가 묻는다면 나는 대답하리라.

우리는 영원한 친구, 서로를 의지하고 살아온 믿음의 벗이니까. 우리는 서로의 자랑이었으니까. 한소망과 함께한 기도의 눈물, 헌신의 땀이었으니.

닭이 새벽에 우는 이유

　어릴 때 우리 집엔 닭을 여러 마리 키웠다. 새벽녘 동이 틀 무렵 닭은 지붕 위로 날아 올라가 목을 길게 빼고 꼬끼오 크게 울어 새벽을 알렸나. 자명종이 귀하던 시절 우리 집의 닭 울음소리는 농가의 아침을 알리는 알람 역할을 해 주었다. 닭의 뇌에는 송과체라는 내분비기관이 있다. 이 송과체는 빛에 민감해 동쪽 산 넘어 해가 뜨기 전 이미 빛을 감지하고 크게 울어 새벽을 알렸던 것이다.

　‘새벽의 닭’과 같은 의미를 가진 말로 ‘잠수함의 토끼’ ‘탄광촌의 카나리아’라는 말이 있다. 「25시」의 작가 콘스탄틴 게오르규(Constantin Gheorghiu)는 젊은 시절 잠수함에서 근무를 한 적이 있다. 당시 잠수함엔 산소 측정기가 없었다. 대신 산소 농도에 민감한 토끼를 데리고 들어간다. 산소 농도가 낮아지면 제일 먼저 토끼가 반응한다. 그러면 즉시 적절한 위치로 잠수함은 부상을 한다. 이 모습을 보고 게오르규는 시대의 변화에 민감한 사람, 공동체, 교회 등을 '잠수함의 토끼'라고 일컬었다. 마찬가지로 탄광촌에서는 작업을 하러 갈 때 일산화탄소와 메탄에 민감한 카나리아를 한 마리 데리고 들어갔다고 한다. 여기서 '탄광의 카나리아'라는 말이 나왔다.

지난 33년 한소망교회는 '새벽의 닭, 잠수함의 토끼, 탄광촌의 카나리아'가 되고자 간단없이 몸부림쳐왔다. 오늘 우리 시대 한국교회의 위기는 무엇인가? 그 위기를 기회로 만들기 위해 우리는 무엇을 어떻게 해야 하는가? 그래서 꼭 한 걸음 앞에 길을 만들고, 때로는 시행착오도 해보고 여기에 길이 있다고 늘 외쳐왔던 것 같다. '오래된 미래'라는 표어처럼 한소망교회의 목회는 오늘이 아니라 늘 미래였다.

한소망교회 '오래된 미래' 목회엔 어떤 것들이 있는가 하고 묻는다면 <u>첫째, 우리는 참여적 예배, 성령의 임재를 모든 성도들의 경험하는 예배이다.</u> 전통 예배와 열린 예배 논쟁이 한창이던 그때 우리는 세계적인 예배 복고 운동의 예배학적 원리와 본질을 다 담은 참여적 예배를 만들고 경험하기 위해 모든 예배에 목숨을 걸었다.

<u>둘째는 모든 성도가 소그룹 목장에 참여하여 초대교회 원형을 회복하는 목회</u>이다. 종교개혁가들이 만인 제사장직을 주

장했을 때 모든 성도가 사역자, 목회자 되는 평신도 중심의 목회를 주창한 것이었다. 이 소그룹 중심 교회가 목회의 본질임을 코로나19 팬데믹을 지나오면서 모든 교회가 깨닫기 시작했다.

셋째는 영성적 목회이다. 나는 33년 전 한소망교회를 개척하면서 뜨레스 디아스(Tres Dias)라는 영성훈련을 경험했다. 이 운동을 목회에 적용하기 위해 신학적, 목회적 연구를 거듭하여 복음주의 개혁교회에 적합한 영성훈련으로 자리잡도록 애를 써왔다. 지금은 '은혜의 동산'이라는 목회 프로그램으로 자리잡고 한소망교회 영성의 큰 강물이 되었다.

넷째는 알파 코스를 통한 불신자 전도와 성령 수양회를 통한 '구원의 확신, 성령 세례를 경험하고 성령 충만의 감격적 신앙생활을 계속하도록 돕는 목회'이다.

다섯째는 영적, 정신적, 내적 상처와 약점을 치유받는 치유수양회 프로그램이다. 이 훈련을 통하여 세상 줄을 끊고 회개를 경험하며 내적인 상처를 건강한 품성으로 바꾸어가도록 도와준다.

이러한 영적인 목회는 SBNR(Spiritual But Not Religious, 종교적이지 않지만 영적인) 시대 새벽의 닭 울음소리처럼, 절망의 시대에 희망의 종소리처럼 33년을 울려 퍼졌다. 세상이 어둡고 목회적 위기가 클수록 시대에 민감한 잠수함의 토끼, 탄광촌의 카나리아들이 일어나 새 길을 만들어가야 하지 않을까?

내 피를 팔아서라도

교회가 주 예수 그리스도의 핏값으로 세워져서 그럴까? 교회는 성도들의 피와 눈물과 땀을 먹고 성장한다. 우리 교회는 맨손으로 시작한 교회라서 그런지 유난히 눈물겨운, 그러면서도 숨은 헌신들이 참 많이 있다. 이 땅에서는 칭찬과 보상을 다 받지 못했지만, 그들이 하나님 성전의 기둥이 되고 그들의 이름이 한소망 성전 기둥에 새겨질 것이다(계 3:12).

우리집 안방 기도회, 주일만 빌려 쓰던 피노키오 유치원, 능곡 지하 예배당, 5층 상가 예배당을 거쳐 우리는 어렵사리 공원 옆 유치원 부지 315평을 토개공으로부터 구입하고 1천여 평 되는 예배당을 건축하고 있었다. 설계부터 건설까지, 돈 한 푼 없이 교회가 부흥하면 주겠노라 약속하고 외상 공사를 하고 있었다.

목사의 마음이 약해서 성도들에게 건축 봉헌을 강조하지 못하고 교회는 기도로 짓는 것이라고 가르치며 릴레이 기도를 하고 있었다. 그때 우리 교회에 80이 다 되신 박수선 집사님이 릴레이 기도를 마치고 기도실에서 나오다가 나와 마주쳤다. 집사님은 퉁명스러운 경상도 말투로, "목사님 배짱이 그리도 약해서 어느 세월에 예배당을 지어요? 내 피라도 팔아서 예배당을 짓고 싶은 심정이요!" 그리고 바쁜 걸음으로 돌아서셨다. 나중에 보니 일산 막내아들 집에서 사시다가 이천 큰아들댁에 일정이 있어서 가시는 걸음이었다.

집사님이 이천에 도착하여 건널목을 건너가시다가 달려오는 덤프트럭에 치여 돌아가셨다. 그 소식을 듣고 이천으로 곧장 달려갔다. 자녀들에게 박수선 집사님의 마지막 기도, "피라도 팔아서 건축을 완공하고 싶소" 하시던 얘기 등을 전해드리며 장례식만은 제 손으로 할 수 있게 해 달라고 간절히 부탁하여 내가 장례식을 집례할 수 있었다.

장례식을 마치고 한두 주일쯤 지나 자녀들이 인사차 예배에 참석을 했다. 내 방으로 들어와 보따리 하나를 풀어 놓으셨다. 박수선 집사님 교통사고 보상금이란다. 어머니 핏값을 도무지 다른 곳에 쓸 수가, 없더란다.

눈물로 기도하고 건축이 완공되면 이 돈은 반드시 십자가 탑을 세우는 데 쓰겠노라고 약속했다. 하늘나라에서 집사님 늘

볼 수 있도록 크게 세우겠노라고 했다.

예배당에 어울리지 않게 그 철골 십자가는 참으로 크기만 했다. 정발산에 올라가 내려다보면 우리 교회 십자가가 유난히 크고 불빛은 유난히도 밝았다. 나는 그 십자가를 내려다볼 때마다 박수선 집사님의 핏값을 기억하며 울컥하는 가슴을 눌러야 했다. "목사님 배짱이 그리도 약해서 어느 세월에 예배당을 지어요? 내 피라도 팔아서 예배당을 짓고 싶은 심정이요!"

어찌 교회를 세운 피가 박수선 집사님 한 분만이겠는가? 눈물로 기도하여 고인 눈물 그릇은 또 얼마나 클까? 우리 성도님들이 교회를 위해 흘린 땀을 담은 항아리는 얼마만 할까? 천국에서 함께 만나 그 피, 그 눈물, 그 땀을 엮어 만든 면류관 쓰신 성도님들 손잡고 춤을 춰야지! 감사했노라고 고백해야지! 내 피를 팔아서라도 우리 교회 사랑하며 살아야지!

윤한진 장로 부총회장 후보 단독 등록. 제109회기 총회 장로 부총회장 후보로 단독 등록한 윤한진 장로는 학창 시절, 청년 시절을 대한예수교장로회(합동측) 정치 일번지로 일컬어지던 대전 중앙장로교회에서 신앙생활을 했다. 감수성이 예민하던 그 시기에 총회가 극한 대립으로 갈등하고 싸우다 마침내 분열하는 모습을 보며 자랐다.

30여 년 전 내가 처음 윤 장로를 만났을 때 그는 교회에 나오면서도 1년 2년 등록을 망설일 만큼 교회에 대한 불신이 남아 신앙의 반항기를 보내고 있었다. 하지만 교회 등록 이후엔 모태신앙에 불이 붙어 누구보다 뜨겁게 그 열정이 타올랐다. 교회 모든 봉사와 궂은일 감당하며 섬기는 자리엔 항상 그가 있었다.

윤 장로는 마흔이 갓 넘어서던 때 장로로 임직하고 사회에서도 청년 사업가로 일취월장하고 있었다. 호사다마(好事多魔)인가? 이 무렵 그는 사업이 어려워지고 모든 것이 꼬이고 얽혀 인생 최대의 위기를 겪어야 했다. 바로 이때 한소망교회는 1만 평 건축 부지를 구입하고 건축위원회를 구성해야 하는 상황이었다. 장로 중 단 한 사람 건축위원에서 빠져야 하는 사람이 있다면 윤한진 장로였을 터인데 나는 그를 건축위원장으로 임명했다. 그의 리더십 아래 건축설계사 김혜완 장로, 감리사 천명선 장로, 건축회사 부사장 송근 장로 등이 포진해 건축이 끝날 때까지, 아니 지금까지 우리는 최고의 명콤비를 자랑하게 되었다.

모든 성도가 같은 뜻, 같은 비전 아래 같은 밀을 하며 교회를 섬기는(고전 1:10) 공동체가 우리 교회이다. 그중에서도 우리 당회, 장로님들은 나의 손이요, 발이요, 분신 같은 분들이다. 그 중의 한 분 윤한진 장로가 제109회기 장로 부총회장이 될 수 있는 길이 열리는 순간, 지나온 모든 시간이 주마등처럼 스치며 울컥- 복받쳐 오르는 감정을 누르기가 쉽지 않았다.

하나님의 뜻이라면, 총대들의 사랑이 지금처럼 계속된다면 총회 109회기 동안에 (장로 부총회장 제도 14년 동안) 한 교회, 한 당회 안에서 총회장과 장로 부총회장을 내는 첫 교회가 될 듯도 싶다. 나야 어릴 때부터 비저너리로 성장하며 신학교에 들어가던 20대 초반부터 총회장의 꿈을 꾸던 사람이었다. 그러나 윤 장로는 한 번도 부총회장의 꿈을 꾸어본 사람이 아니다.

　이번 제109회기 강북권역에서는 누가 보아도 전국장로회연합회 회장 출신 이승철 장로와 남선교회전국연합회 회장 출신 최상헌 장로의 대결로 보였다. 그러나 이 구도는 너무나 극한 대결이 예상되어 총회 내 또 다른 분열을 가져올 수 있다는 생각에 두 분이 흔쾌히 양보해 주셨고, 떠밀려 나온 후보가 윤한진 장로였다. 마지막엔 꿈이 많은 박주은 장로마저 귀한 결단을 하게 되어 우리 윤 장로가 단독 등록을 하게 된 것이다.

　오늘 같은 전방위적 위기 시대에 맨 앞자리에 선다는 건 두렵고 떨리는 일이다. 그래서 한편 안쓰럽기도 하다. 복음적 에큐메니컬이라는 총회 정체성을 누구보다 잘 아는 그이기에 한편으론 든든하기도 하다. 어제 단독 등록 이후 밤잠을 설친 건 복받친 그 울컥의 감정이 채 가시지 않았기 때문이었으리라. 내가 총회장으로 섬길 때 우리 교회 모든 성도들이 총회장이 된 듯 한 마음 한뜻으로 기도해 주었다. 윤한진 장로가 총회를 섬기는 어간에도 틀림없이 한소망교회는 각자 자신들이 한국교회의 리더가 된 것처럼 기도로 동행하리라 믿어 의심치 않는다.

니네 교회 최루탄 터트렸냐?

도살장으로 끌려 들어가는 한 마리 소처럼 아내의 손에 붙들려 예배당으로 끌려 들어가는 한 새신자가 있었다. 예배 분위기가 잘 맞는 옷처럼 편안한 것도 아니고 여러 곡의 찬송이 불려지고 있었지만 어느 한 곡 아는 노래가 없이 생소하기만 했다. 그런데 어찌 된 일인지 이 새신자, 예배당에 들어간 시간부터 예배가 끝나는 시간까지 하염없이 눈물을 흘리고 있었다. 아내가 왜 그리 우느냐고 물었지만 딱히 대답할 말도 울만한 이유가 있는 것도 아니었다. 민망했던지 이 새신자 아내에게 하는 말, "니네 교회 최루탄 뿌렸냐?"

윤 장로 가정은 이 새신자 김 아무개씨를 전도하고자 새신자의 부인 양 권사와 함께 짧지 않은 시간 동안 중재기도를 했다. 윤 장로의 부인 진 권사와 양 권사의 합심 중재기도가 응답되어 쉽지 않아 보이던 이 새신자 김 아무개가 처음 예배에 참석하며 던진 "니네 교회 최루탄 뿌렸냐?"는 이 말의 의미를 우리 교인들은 너무나 잘 알고 있다.

우리 교회에 처음 오는 성도들은 예배당 의자마다 올려져 있는 휴지곽을 보고 의아해하곤 한다. 우리 교회 예배엔 기쁨과 웃음이 많지만 그에 못지 않게 눈물이 많다. 한소망교회 초기 물새는 지하 예배실 걸레로 물을 닦아내다가 울고 또 울어서 그런가보다. 나는 그날 하나님께 약속을 했었다. 교인들의 가슴 아픈 상처를 씻어내는 목회, 눈에서 흐르는 눈물을 닦아드리는 목회를 하겠노라고. 우리 교회는 목사도 교인도 잘 운다. 기뻐서 울고, 은혜 받아서 울고 상처를 토해 내다가 아파서 울곤 한다. 찬송을 부르다가 울고 말씀을 듣다가 울고 성령 수양회, 치유 수양회를 경험하다가 성령과 함께 곧잘 운다. "성령도 우리를 위하여 말할 수 없는 탄식으로 함께 중보하며 우신다"고 성경은 말씀한다.

그렇게 '최루탄 예배'를 처음 경험했던 김 아무개 성도는 이후 윤 장로가 이끄는 목장에서 신앙생활을 시작하게 되었다. 믿음을 갖게 되었으니 이제는 일이 잘 풀리고 병도 낫기를 바랐지만, 현실은 기대와 달랐다. 국립암센터 검진 결과, 그는 12cm 크기의 직장암 진단을 받게 되었다. 덩어리가 너무 커서 당장 수술조차 어려운 상태였다. 병원은 3개월 동안 방사선 치료를 통해 종양이 줄어들기를 기다려야 한다고 말했다. 윤 장로의 목장은 이 병과의 싸움을 '영적 전쟁'으로 선포하고, 매일 합심하여 중재기도를 드리기 시작했다. 그렇게 방사선 치료가 진행된 3개월 동안, 목장은 정확히 100번의 기도회를 드렸다. 그리고 마침내 수술 날짜가 잡혀 국립암센터에 입원하게 되었다.

그는 당시 담임목사였던 나에게 병실로 와서 안수기도를 해달라고 요청하였다. 아내와 함께 병원을 방문하여 찬송을 부르고 말씀을 전하며 하나님의 살아계심을 선포했다. 우리도 너무 간절하여 기도 후 병실을 나서며 눈시울이 붉어졌다.

엘리베이터를 타고 내려오는데, 다른 교회 성도들로 보이는 분들이 우리를 알아보고 목례를 해주었다. 그때 아내가 내게 물었다. "여보, 직장암이라는데… 그 직장이 어디야?" 내가 짓궂게 웃으며 대답했다. "응, 사람마다 다르지. 나는 한소망교회가 직장이야." 엘리베이터 안은 웃음으로 가득 찼다.

그날 저녁, 윤 장로가 다급하게 전화를 걸어왔다. "목사님! 김 아무개 성도 정밀검사 결과, 암 덩어리가 깨끗이 사라졌답니다!" 수술 전 정밀 검사를 해보니 12cm 암덩어리가 깨끗하게 사라졌다는 것이다. 기도의 응답, 소그룹에서 하는 합심 중재기도의 능력을 경험하는 시간이었다.

감사특밤, 15년의 눈물과 감동의 예배 축제

15년 전, 지금의 예배당인 비전채플로 입당하면서 한 가지 질문을 던졌다. "하나님께 받은 이 은혜를 어떻게 감사로 표현할 수 있을까?" 그것은 단순히 건물을 옮기는 일이 아니라, 하나님의 뜻과 섭리를 따라 새로운 시대를 열어가는 영적 여정의 시작이었다. 그 질문에 대한 응답으로 태어난 것이 바로 '감사특밤'이다.

감사특밤은 '감사와 사귐이 있는 특별한 밤'의 줄임말이다. 이 이름에는 하나님께 드리는 감사와, 성도 간의 사랑과 교제를 회복하고, 공동체가 함께 하나님을 예배하자는 뜻이 담겨 있다. 이 밤은 단순한 행사나 프로그램이 아니라 한소망교회가 하나님께 드리는 고백이며, 감사와 감격이 함께 흐르는 예배의 축제이다.

감사특밤은 단순한 집회가 아니다. 이것은 한소망교회 성도들이 드리는 최고의 감사이자, 최고의 기쁨이며, 최고의 감동이 모여 하나님께 최고의 영광이 되기를 바라는 신앙의 결정체이다. 예배당을 주신 하나님께, 그 예배당에 함께 모일 수 있는 성도들에게, 그리고 믿음의 여정을 함께 걷는 공동체에게 드리는 뜨거운 감사의 표현이다.

감사특밤은 3주간, 즉 세이레(21일) 동안 매일 저녁 진행된다. 세이레는 단순한 기간이 아니라 성경적으로 깊은 의미를 지닌 시간이다. 다니엘은 세이레 동안 자신을 낮추며 금식하고, 하나님께 기도했다(단 10:2-3). 그는 이 집중의 시간을 통해 하늘의 뜻을 깨닫고, 하나님의 비밀한 계획을 보는 은혜를 경험했다.

감사특밤의 세이레 역시 그런 영적 집중의 시간이다. 하나님께 마음을 드리고, 말씀을 통해 깨닫고, 공동체와 함께 기도로 하나 되는 시간이다. 일상의 분주함에서 벗어나 하나님께 시선을 고정할 때, 그 21일은 하나님께서 우리를 새롭게 빚으시는 거룩한 시간으로 변한다.

15년 동안 이어온 이 집회에는 300명 이상의 말씀 사역자와 간증자가 강단에 섰다. 한 사람 한 사람의 복음 증언을 통해 우리는 함께 울고 웃었고, 말씀 앞에서 무릎 꿇으며 마음을 새롭게 했다. 그 시간들은 하나님께서 교회를 다듬고, 성도를 회복시키신 은혜의 역사였다.

심리학에서는 사람이 습관을 바꾸고 내면이 새로워지기까지 약 21일이 걸린다고 말한다. 그러나 성경적 관점에서 보면, 변화의 원천은 단순한 반복이 아니라 '은혜의 지속성'이다. 감사특밤의 21일은 말씀과 찬양, 기도와 간증이 매일 새롭게 채워지는 회복의 시간이다. 그 시간 동안 하나님께서 사람의 마음을 어루만지시고, 믿음의 공동체를 새롭게 빚으신다.

감사특밤의 세이레가 끝나는 날, 우리는 추수감사주일을 맞이한다. 이는 성경의 초막절과 그 의미를 공유하는 절기이다. 광야에서 초막을 치고 하나님과 함께했던 이스라엘 백성처럼, 우리도 영적 광야를 지나 예배당이라는 초막에서 하나님을 만난다. 추수감사주일 오후에는 서로 받은 은혜를 나누며 간증의 축제를 연다. 각자의 인생에서 경험한 하나님의 손길이 모이면, 그것은 하나님의 살아계심을 증거하는 살아 있는 성경이 된다. 그날의 간증은 공동체의 기억 속에 남아 다음 세대의 믿음을 일으키는 씨앗이 된다.

감사특밤은 시간 속에서 사라지는 행사가 아니다. 믿음의 공동체가 매년 새롭게 창조해내는 '은혜의 예배 미학'이다. 감사와 사귐이 있는 그 밤의 감동은, 한 해의 결실이자 다음 세대를 향한 믿음의 선언이다. 우리는 계속해서 이 전통을 이어가려 한다. 하나님께 최고의 감사를 드리는 예배자로 살아가며, 일상 속에서도 감사의 마음을 잃지 않고, 서로를 격려하며 신앙의 길을 걷는 것, 그것이 바로 감사특밤의 참된 결실이다.

하늘은 비를 주고 꽃은 내게 향기를 주듯
당신은 내게 가르침을, 고마움을, 행복을 준다.
그 모임 그 만남이 왜 그리도 기다려지는가,
누군가 묻는다면 나는 대답하리라.

우리는 영원한 친구,
서로를 의지하고 살아온 믿음의 벗이니까.
우리는 서로의 자랑이었으니까.
한소망과 함께 한
기도의 눈물, 헌신의 땀이었으니.

3장

목회의 품격을 지켜온 이야기

공동체의 리더가 된다는 건 참 두렵고도 떨리는 일이다. 잘 감당했을 땐 보람과 상급이 크지만, 하나님이 기뻐하지 않는 길을 갔을 땐 하나님 앞에서의 책망과 심판도 크기 때문이다. 나는 COVID-19 팬데믹 긴 터널 끝자락, 문명사적 대전환기에 총회와 한국교회를 섬기라는 부름을 받았다.

교회 안과 밖의 요청들 속에 주님의 음성이 크고도 선명하게 들렸다. 하나님은 '복음으로 교회를 새롭게, 세상을 이롭게, 그리고 바르게' 살아보라고 하셨다. 많은 일을 하기보다는 올바른 일을 바르게 감당하라고 하셨다. 교회 안에서는 절망하는 교회에게 희망의 길, 희망의 빛을 만들어 달라는 커다란 목소리가 들렸다. 교회 밖에서는 사회적 약자 편에 서 달라, 정의 편에 서 달라, 십자군이 아니라 십자가의 길을 가라, 번영 신앙과 성공주의의 낡은 옷을 벗어던지고 교회의 주인이 하나님 되심을 보여주는 공적 교회, 공공의 선을 이루는 교회가 되어 달라는 요청이 들려왔다.

쌓아놓은 숙제 더미처럼 밀려오는 거룩한 부담감을 안고 기도하던 중 많이도 묵상한 말씀이 거창고등학교 정신이었다. 세간에 '직업 선택 10계명'으로 알려진 내용이다. 내가 고등학교를 다닐 때는 이 10계명이 없었다. 아마 설립자 전영창 선생님의 훈화 속에서 제자들이 찾아내 정리한 정신, 그 가치관이 아닌가 싶다. 내 책이나 설교 중에서 종종 언급되었던 직업 선택 10계명은 대단히 역설적이다.

첫째, 월급이 적은 쪽을 택하라. 월급이 아니라 가치를 따라 사는 사람, 생계가 아니라 사명을 따라 사는 사람은 세상을 두려워하지 않을 수 있다.

둘째, 내가 원하는 곳이 아니라 나를 필요로 하는 곳으로 가라. 내 마음의 요구를 이겨내는 사람만이 진리를 따라 살 수가 있는 법이다.

셋째, 승진의 기회가 없는 곳으로 가라. 하나님의 일은 보상이 아니라 일 자체에 가장 큰 기쁨이 있는 것이다.

넷째, 모든 조건이 갖추어진 곳을 피하고, 처음부터 시작해야 하는 황무지를 택하라. 개척, 도전, 모험은 좁은 길이지만 결국 큰길을 만날 수가 있다.

다섯째, 앞다투어 모이는 곳은 피하고 아무도 가지 않는 곳으로
가라. 세상 물결 따라 흘러 다니는 사람이 아니라 물결
을 거슬러 살아보라는 것이다.

여섯째, 장래성이 없어 보이는 곳으로 가라. 장래성이 보이지 않
아도 꼭 필요하다면 나라도 가보는 것이다.

일곱째, 부러움의 대상이 되지 말고 존경의 대상이 돼라. 모두
큰 교회 목사님을 부러워는 하지만 존경하지 않을 수 있
다. 이 시대는 존경받는 큰 바위 얼굴을 기다리고 있다.

여덟째, 한가운데가 아니라 가장자리로 가라.

아홉째, 왕관이 아니라 십자가와 단두대가 있는 곳으로 가라.

열째, 가족이나 배우자가 반대하면 틀림없다. 그곳으로 가라.

참 근사하고 그럴듯하지만 실제로 이처럼 사는 것은 어렵
다. 아니 불가능하다. 나부터 그렇게 살지 못했다. 아니 그렇게
살지 않았다. 그러나 총회장으로, 대표회장으로, 이사장으로 리
더가 되어 사는 동안 이 정신을 붙들고 살아보려고 몸부림쳤다.

그렇게 하여 남겨진 삶의 자국들, 메시지들을 두란노 출판사가 하나하나 모아 AI가 정리하듯 반복, 중복을 피하고 순서를 따라 정리하여 낸 책이 「꺾이지 않는 사명」이다. 물론 이 책의 제목도 두란노가 발견하고 정리한 제목이다. 처음 이 책의 원고를 읽고 내가 정한 원제는 '월급이 적은 쪽으로 가라'였다.

월급이 적은 쪽으로 가보라!

꺾이지 않는 사명자가 돼라!

한 때 유행처럼 번지던 사오정 시리즈 가운데 이런 얘기가 있었다.

사오정과 손오공이 대학을 졸업하고 입사 시험을 치르러 갔다. 손오공이 먼저 면접관 앞에 섰다. "25번 손오공입니다." "젊은이, 축구를 좋아하시오?" "예, 좋아합니다." "축구 선수 가운데 누구를 가장 좋아하시오?" "옛날에는 박지성이었는데 요즘은 손흥민입니다." "지금은 제4차 산업혁명 시대라고 하는데 산업혁명이 언제 시작되었나요?" "예, 18세기입니다." "UFO나 외계인이 있다고 생각하세요?" "과학적으로는 증명이 안 되었지만 그렇다고 생각합니다."

사시나무 떨듯 바들바들 떨고 있던 사오정이 손오공을 붙들고 '뭐라고 묻더냐? 뭐라고 대답을 했냐?' 꼬치꼬치 묻길래 그대로 가르쳐주었다. 중얼중얼 달달 외운 사오정이 이번엔 면접관 앞에 섰다. "30번입니다." "이름이 뭡니까?" "옛날엔 박지성이었는데 지금은 손흥민입니다." "뭐요, 언제부터 그렇게 되었소?" "예, 18세기입니다." "아니, 당신 바보 아니에요?" "예, 과학적으로는 증명이 안 되었지만 그렇다고 생각합니다."

외워서 될 일이 아니었다. 흉내 낸다고 될 일이 아니었다. 강신 무당과 학습 무당은 다르다. 교회를 섬기는 목회도 흉내를 내는 것과 내가 체험하고 내가 능력을 받아서 목회하는 것은 다르다. 우리 교역자들과 설교에 관한 얘기를 할 때 내가 하는 얘기가 있다.

"내가 나의 설교에 감격하지 않았는데 듣고 교인들이 감격하겠는가? 내가 내 설교에 눈물을 흘리지 않았는데 교인들이 울겠는가? 내가 피 묻은 십자가 복음 앞에 가슴이 뛰지 않았는데 내 설교를 듣는 교인들의 가슴이 뛰겠는가? 내 설교 안에 내가 만난 예수, 내가 만난 복음, 내가 만난 성령이 있어야 한다."

나는 장로회신학대학과 대학원을 졸업하고 군복무로 공군 장교 생활 5년을 마친 다음 신대원 2학년에 복학했다. 이때 '예배와 설교학' 시간에 만난 분이 얼마 전 별세하신 고 정장복 교수님이었다. 그분은 살아있는 예배 그리고 하나님의 말씀을 실어 나르는 듯한 생명력 있는 설교 회복에 생명을 거신 분이었다. 그분을 만난 이후 나는 지금까지 단 한 번의 설교, 단 한 번의 예배도 적당히 그리고 허투루 드려본 적이 없다. 한 번의 예배 한 번의 이 설교가 내 생애 마지막인 것처럼 최고의 모습으로 최선을 다하려고 몸부림을 친다.

강력한 성령의 임재가 있는, 예배하는 모든 예배자들이 하나님을 경험하는 살아있는 예배는 어떤 예배일까 내로라하는 한국교회 그리고 세계교회를 다니며 예배를 연구하고 경험하고자 몸부림쳤던 적이 있다. 누군가 내게 "그런 연구와 몸부림을 통해 당신은 살아있는 예배를 경험하게 되었습니까?"라고 묻는다면 나는 확실하게 예스라고 대답할 수 있다. 분명히 흉내 내는 예배, 외워서 전하는 설교, 본 대로 들은 대로 하는 목회가 아니었노라고 대답할 수가 있다.

우리 교회엔 예배를 기획하는 팀이 있어 일주일 내내 예배 순서, 찬양 콘티, 강단 데코레이션, 방송 음향 영상, 안내, 설교는 물론 대표기도문 점검까지, 심지어는 찬양대와 영상팀과의 협의 등등 한 번 예배 드리고 끝날 사람들처럼 준비를 한다. 죽은 나무나 조화는 변화가 없지만 산 나무는 매일 달라질 수밖에 없다. 어제의 경험이 오늘 같을 수 없고, 어제의 예배 경험이 오늘일 수 없듯이 흉내 내는 목회, 흉내 내는 예배, 흉내 내는 사오정 설교로 시대를 살리고 교회를 살릴 수는 없다.

리질리언스(Resilience)

지난 4월 14일 주일 오후 한소망교회에서 '그림자를 딛고 일어선 동화(冬花) 류영모의 리질리언스' 심리연구 논문 북토크 콘서트가 있었다. 심리전기라는 밀은 사전에도 등재되지 않은 아주 낯선 단어이다. 생존인물을 탐구한 우리나라 최초의 연구 서적이라고 하니 새로운 영역임이 분명하다.

내가 쓴 50여 권의 책 가운데 나의 개인적 인생, 목회, 메시지를 담은 전기적 서적이 3권 정도 있다. 첫 번째 책「꿈대로 되는 교회」는 나침반사가 낸 한소망교회 개척보고서 같은 책이요 두 번째 책「꺾이지 않는 사명」은 나의 총회장, 한교총 대표회장 사역 기간 중 우리사회, 한국교회, 정치계, 우리시대 역사 앞에 던진 메시지를 두란노가 엮은 책이다. 바로 세 번째 책이 심리전기이다.

심리전기는 단순한 일반전기나 평전이 아니다. 심리전기는 한 인물을 심리학적 관점에서 조사하고 분석하고 평가한 학문

적이고 객관적인 일종의 논문이다. 네 가지 이상의 심리테스트를 통해 한 사람의 내면과 걸어온 길을 벌거벗기는 작업이 선행되어야 하기에 '나를 연구하세요'라며 자신의 삶을 쉽게 던질 수 있는 사람은 별로 없을 것이다. 그래서 황해국 서울장신대학교 총장을 비롯한 서울장신대학교 상담심리학과 교수들은 우리교회 장로님들을 먼저 설득한 것 같다.

한 사람을 제물로 던지는 용기를 통해 이 책을 읽는 모든 사람들도 자기 자신 안에 있는 잠자는 사자 즉 자기영웅을 발견할 수 있다는 제안에 어렵사리 조사연구를 받아들이게 되었다.

나는 초등학교에 들어가던 어린 나이에 아버지를 여의고 가난하고 어려운 환경 속에서 자라야 했다. 시골교회 새벽예배 새벽종을 치기 위해 내 어머니가 맞춰놓은 탁상시계 소리를 듣고 잠에서 깼다. 눈을 비비고 일어나 봄여름이면 논에 물꼬를 대기 위해, 가을이면 길바닥에 떨어진 감홍시를 줍기 위해, 겨울이면 설해목을 챙기기 위해 새벽을 누비고 다녔다.

그것이 습관이 되어 나는 자연스레 60년 이상 이른 새벽 4시면 저절로 일어나는 새벽형 인간으로 살게 되었다. 지독하리만큼 처절하게도 부지런히 살았던 내 인생 여정이 나의 근면성이라기보다는 혼자 버둥대고 살아야 했던 상처라는 사실을 깨닫고 눈시울을 붉혔다. 내 안에는 사랑받지 못하고 살았던 어린 시절의 보상을 원하는 애정결핍증, 안전결핍증이 핏속 뼛속에 숨어 있다는 심리테스트를 보고 나 자신이 안쓰러워 울었다.

그러나 이 모든 인생의 그림자에 파묻혀 살지 아니하고 위기를 기회로, 절망을 희망으로, 그림자를 빛으로, 부정을 긍정으로 승화시켜 살았다고 연구자들은 평가하고 있다.

그것이 어린 시절 내가 내게 지어준 이름 겨울꽃 동화(冬花)에 잘 드러나고 있다. 그리고 이 모든 조사연구 평가의 결론, 회복탄력성 '리질리언스'라는 단어가 이번 연구자들이 도출한 핵심 키워드였다. 리질리언스 회복탄력성! 오늘 우리시대, 한국교회, 다음 세대에 가장 필요한 정신, 가치관이 아니겠는가! 북토크 콘서트에 참여한 모든 사람들과 이 글을 읽는 모든 독자들에게 리질리언스가 회복되길 기도한다. 모래 위의 발자국 그 곁에 계시는 하나님께 영광을 돌린다.

문제는 문제시하면 문제가 된다. 이 세상엔 문제가 없는 사람도 없고 문제가 없는 교회도 없다. 문제를 건강하게 해결하는 사람이 건강한 사람이며 문제를 건강하게 해결하는 교회가 건강한 교회이다.

나는 어린 나이에 첫 담임 목회를 서울서노회 망원제일교회에서 시작했다. 내가 부임하고 보니 교회 안엔 케케묵은 갈등들이 곳곳에 숨어 있었다. 교회의 설립 정신을 지키고자 주선애 교수님, 이상양 전도사님, 김기복 목사님의 유산을 이어가야 한다는 생각이 한쪽에 남아 있었다. 그런가 하면 새 술은 새 부대에 담아야 하듯 달라진 구성 멤버, 달라진 마을에 걸맞게 정상적이고 전통적인 교회로 나아가는 것이 교회를 교회답게 세워가는 것이라고 믿는 사람들이 많이 있었다. 낮에는 전자의 사람들이, 밤에는 후자의 사람들이 새로 부임한 담임 목회자를 찾아와 자신들 편에 서서 목회를 해줄 것을 요청하고 설득하고자 애를 썼다.

갈등(葛藤)이란 한자어는 참 재미있는 말이다. 칡과 등나무가 서로 얽혀있다는 뜻이다. 두 나무는 좌우로 서로 다르게 꼬여 올라가며 마침내는 꼬이고 꼬인 나무줄기를 자르지 않고는 절대 풀 수가 없게 된다. 네가 죽고 내가 망해야 끝이 난다는 뜻이 숨어 있는 단어가 갈등이다. 오늘 우리 사회가 갈등 사회가 된 것은 결코 작은 일이 아니다. 어쩌면 네가 죽고 내가 망할 때까지 가봐야 새로운 길이 열릴 수도 있을 것이다.

나는 교회의 갈등 문제를 문제시하여 대화와 토론을 통해 해결하는 건 불가능하다는 것을 깨달았다. 나는 설교 시간이나 성경공부 시간은 물론 사적인 자리에서조차 이 문제를 끄집어내지 않았다. 아니 아는 척도 하지 않았다. 나는 이 문제를 영적인 문제, 즉 사탄과의 영적 전쟁으로 이해를 했다. 차라리 교회 밖 세상 사람들은 때로 술 한 잔 담배 한 개피면 끝나는 간단한 문제가 교회 안에서는 해결되기는커녕 커져만 가고 상처는 더 깊어져만 간다.

바로 그 문제 뒤에는 악한 사탄이 도사리고 있기 때문이다. 그래서 주의 몸 된 교회가 깨지고 사람들이 상처로 피를 흘리고 어린 신자들이 교회와 신앙의 자리를 떠나게 되는 것이다. 이것이 사탄의 목적이기 때문이다.

나는 갈등 문제를 해결하는 방법으로 영적인 전쟁을 선포했다. 나는 문제를 쪼개고 분석하는 대신 기도하는 교회, 전도하는 교회를 선포했다. 온 교회가 밤낮 기도에 집중하고 하나님의 자녀 된 권세와 성령의 권능을 회복하고자 했다. 그것이 바로 신자가 소유한 놀라운 권세요, 악한 사탄의 공격을 대적하는 능력이기 때문이다. 나는 총동원 전도를 선포했고 온 교회가 복음을 전하는 일에 생명을 걸었다.

나는 처녀 목회지에서 기도의 권능과 성령의 능력 그리고 복음 전도의 열정과 사명을 얻어 평생의 목회를 능력목회로 승리할 수 있는 큰 복을 얻었다. 이 일로 망원제일교회는 전무후무한 교회의 부흥기를 맞이할 수 있었다. 그러는 사이 교회 안에는 갈등이란 말조차 사라졌고 언제 우리 안에 이런 갈등이 있었나 싶은 시간으로 들어섰다. 이때 망원제일교회의 행복했던 교회 생활을 표현한 표어가 있었다. 바로 '축제가 있는 교회'이다. 이 기도 운동, 전도 운동 기간에 선포했던 설교를 정리한 나의 첫 번째 저서가 「축제가 있는 교회」이다.

　　망원제일교회는 고 이상양 전도사님이 설립한 교회이다. 「뚝방마을 이야기」 (김기복 저, 두란노)라는 책에서 잘 보여주듯이, 이 전도사님은 망원동에 피를 붓고 하늘나라로 가신 분이다. 내가 만난 한국교회 목회자, 나아가 그리스도인 가운데 최고의 성자 한두 분을 꼽는다면 이상양 전도사님을 빼놓을 수가 없다. 이상양 전도사님의 무조건적인 사랑을 많이 받다 보니 교회는 받는 것에 너무나 익숙해져 있었다.

　　김기복 목사님 등 내 앞을 다녀가신 목사님들도 많이 노력했지만 나도 간단없이 애를 쓴 목회가 교회의 정체 의식을 바꾸는 일이었다. 받는 교회에서 주는 교회로, 우리는 연약한 교회라는 생각에서 건강한 교회 부흥하는 교회라는 자신감을 갖도록 해 주는 일이었다. 건강한 정체 의식을 갖게 하는 가장 대표적인 사건이 총동원 전도 운동과 인도네시아에 송광옥 선교사를 파송하는 일이었다.

복음 전도는 주님의 지상명령이요, 교회의 지상과제이다. 하나님은 모든 사람이 구원받기를 원하신다(딤전 2:4). 그 때문에 우리는 한 영혼을 구원할 수만 있다면 어떤 대가라도 지불해야 한다. 복음 전도는 천사도 흠모하는, 주의 백성들에게만 주신 은총이다. 내 곁에 있는 어떤 사람에게 복음을 전할 수 있는 유일한 사람이 나일 수 있다. 이때 내가 복음을 전하지 않으면 그는 죗값으로 죽으려니와 그 핏값을 내가 물어야 할 수 있다. 나의 복음 전도로 한 영혼이 구원받았다면 그 값어치는 영원한 가치가 있는 것이다. 교회가 복음 전도에 당당한 자신감을 갖게 된다면 이보다 더 큰 교회의 자산은 없을 것이다. 그리하여 망원제일교회는 갈등 상황을 파헤치기보다는 영적인 전투 총동원 전도를 선포했던 것이다.

우리가 총동원 전도를 계획하고 있을 때 전국적으로 총동원 전도에 성공적 경험을 가진 몇 교회가 있었다. 인천 순복음교회, 대구 서문교회, 대전 중부교회 등이었다. 우리는 교회의 핵심 리더들을 모아 비전을 선포하고 우리 생애 최고의 선한 기회를 만들어 보자고 결단을 했다. 마침, 교회엔 35인승 버스 한 대가 있어서 손창원 장로님이 운전을 하고 인천에서 대구로, 대구에서 대전으로 전도 탐방을 다니는 동안 가슴에 불이 붙고 있는 것을 모두가 느꼈다. 2박 3일 투어가 끝나는 밤을 유성 경하장에서 보내며 기도회와 세미나를 가졌다.

그 세미나에서 우리는 150여 명 성도가 1987년 9월 20일 3천 명 초청을 결단했다. 표어는 '내 백성을 초청하라! 9월 20일 3천명!'이었다. 전도 잔치에서 한 사람이 한 사람을 초청하는 잔치는 성공한 적이 없다. 그러나 한 사람이 열 사람, 스무 사람을 초청하는 총동원 전도는 별로 실패해 본 적이 없다. 이것이 교회의 신비, 전도의 신비이다.

교회로 돌아온 우리는 총동원 전도를 선포하고 40일 후 D-day까지 밥을 먹어도 전도를 위해, 잠을 자도 전도를 위해, 직장에 가도 전도를 위해 살았다. 총동원 전도 당일이 되기도 전이 40일 동안 우리는 수많은 기적을 보았다. 기도 시간마다 임하는 성령의 임재, 자살하러 가던 사람이 교회로 들어오고 무당이 자기 발로 걸어오고 병들고 귀신 들린 사람들이 치유받는 역사가 매일같이 일어났다. 9월 20일 당일엔 8부 예배를 드리며 출석 카드를 내고 예배를 드린 사람이 4천200명, 예수님을 영접하고 결신한 사람이 1천50명, 이게 기적이 아니고 또 무엇인가? 현대판 사도행전을 우리는 보았다.

망원제일교회의 총동원 전도 불길은 주안장로교회, 충신교회, 청북교회, 창동염광교회로 요원의 불길처럼 번져갔다. 이때부터 나는 전도 간증, 전도 훈련을 다니느라 유명 강사, 부흥사(復興社)가 되어 가고 있었다.

한소망교회는 네 번 다섯 번 이사를 다니며 오늘의 비전채플에 자리를 잡았다. 이사를 하고 나면 2~3년 만에 예배당에 성도들이 넘쳐 자주 이사를 해야 했다. 1997년 1친 평 정도의 예배당을 짓고 감격의 입당 감사 예배를 드렸지만 2년여 만에 다시 성도들이 넘치고 있었다. 주일 저녁 찬양 예배까지 6부 예배를 드리며 나는 깊은 고뇌와 기도에 빠졌다.

한 번 더 큰 예배당 건축을 해야 하나, 아니면 눈에 보이지 않는 비전 건축을 해야 하나? 어느 새벽기도회에서 나의 이 기도 제목을 내어놓았더니 처음 우리 새벽기도회에 참석했던 타 교회 성도 한 분이 기도회 후 나를 만났다. 자신은 신비주의자도 아니고 어떤 특별한 기도의 응답을 받을 만한 사람이 아닌데 목사님 설교 말씀을 듣는 중 하나님이 이 교회에 1만 평 건축 부지와 1만 평 예배당을 주신다고 그 분에게 감동을 주었다는 고백을 하고 사라졌다. 그 이후 이 분은 한 번도 내 앞에 다시 나타난

적이 없다. 앞서 말했던 것처럼, 이 얘기는 1999년 11월에 발간된 「꿈대로 되는 교회」에 고스란히 남겨져 있다.

그리고 3년 뒤 우리 교회는 2002년 7월 8일 더도 아니고 덜도 아니고 꼭 1만 평 건축 부지를 계약하고 1만 평 예배당을 건축했다. 그러나 문제와 어려움은 1만 평 건축 부지를 구입한 뒤 시작되었다. 온갖 시험과 공격, 건축이 불가능한 환경들이 펼쳐지기 시작했다. 우리가 구입한 땅은 남쪽은 고양시, 북쪽은 파주시 주소로 되어 있는 접경 지역이었다. 건축이 불가능한 모든 조건이 크지 않은 그 땅 안에 담겨 있었다. 수목이 꽤나 존재해 산지 전용 허가가 필요했다. 지목(地目) 중에 '전(田)'이 상당히 포함되어 있어 농지 전용 허가를 받아야 했다. 심지어 농수로 사용 부지 '구거(溝渠)'가 있어 용도를 폐지하고 경쟁 입찰을 통해 매입해야 하는 불가능에 가까운 조건까지 포함되어 있었다.

그뿐이 아니었다. 주변에 운정 신도시가 개발되면서 구석기 유물들이 출토되고 있었다. 설사 건축 허가를 받아 건축을 시작해도 건축 과정에서 유물이 발견되면 즉시 건축은 중단될 수밖에 없었다. 이것 못지않게 어려운 또 다른 조건 가운데 하나, 부지 안에 참호, 콘크리트 진지 등 군사시설이 이곳저곳 자리 잡고 있어서 군사 동의를 받아야 했다.

설상가상 건축 부지로 들어오는 도로 사정이 건축 허가 불가능한 상황에 놓여 있었다. 그래서 알만한 개발회사나 업자들이 일찌감치 포기한 땅을 우리 교회는 모르고서 구입했던 것이었다. 주변에서는 예수님이 오셔도 건축이 불가능한 땅이라는 소문이 가득했다.

어느 새벽 예배 후 건축위원들이 조찬을 요청하더니 자초지종 보고를 해왔다. 결론은 건축을 포기하든지 아니면 백방으로 로비스트들을 동원해 세상적인 방법을 동원해 봐야 한나는 것이었다. 보고를 다 받은 뒤 나는 잠시의 고민도 하지 않고 단 한 마디를 던졌다. "하나님의 집을 불법으로 지을 수는 없지요." "지금부터 기도를 좀 더 강력하게 합시다. 하나님께서 하나님의 방법으로 허락하시면 건축은 하나님의 뜻이요, 아니면 아닌 겁니다."

한소망교회 예배당 부지를 구입하고 자그마치 8년 6개월이 흐른 뒤 2010년 12월 눈물의 입당 감사를 드렸다. 그간 운정 신도시 개발과 함께 군사 동의 조건은 완화되었고 유물은 조건부 허가를 받았지만 건축 중 유물 출토는 없었다. 운정 신도시 교통량 해소를 위해 경의로 확장 공사를 하며 우리 땅을 통과해야겠기에 9억을 들고 와서 도로를 번듯하게 내주었다. 심지어 제2자유로 공사는 우리 교회당 코앞까지 이어졌다. 하나님의 집은 불

법이나 세상적 방법이 아닌 하나님의 역사와 기도로 세워져, 하
나님이 큰 일을 행하신 역사적 대사가 되었다.

지난 5월 14일 장로회신학대학교 개교 123주년 기념 예식과 함께 명예신학박사 학위 수여식이 있었다. 장로회신학대학교는 123주년이 되기까지 40명의 인사들에게 넝예신학 박사 학위를 수여했고, 이번에 김동호 목사, 류영모 목사, 림형천 목사 세 사람에게 41호, 42호, 43호 학위를 수여했다.

명예박사 학위는 대학교나 학위를 수여하는 기관에서 직접 논문은 쓰지 않았지만 구태여 논문이 필요치 않을 만큼 뛰어난 공적과 삶으로 자국을 남긴 사람에게 그 명예를 존중히 여겨 수여하는 학위이다.

간혹 학교가 경제적 후원을 전제로 학위 장사를 하듯 그 학위에 걸맞은 뚜렷한 공적이나 삶이 분명치 않음에도 학위를 수여해 빈축을 사기도 한다. 특별히 신학대학에서 신학을 전공한 목회자가 아닌 평신도들에게 명예박사 학위를 수여하고자 할 때는 평신도가 남긴 공적에 알맞은 인문학, 문학, 사회복지학,

철학 등의 이름으로 학위를 수여함이 좋을 듯싶다. 학문적 공적이 없는 평신도들에게 명예신학박사 학위를 수여할 때는 더욱 신중할 필요가 있을 것이다.

지금 이 얘기를 하고 있는 필자 자신이 이런 얘기를 논할 자격이 있는지 나 자신을 살피는 마음으로 글을 쓰게 된다. 필자는 미국 리전트 대학교(Regent University)에서 받은 목회학 박사 외에 4개 신학대학에서 명예박사 학위를 받았다. 물론 내 마음으로부터 원했던 바도 아니고 바라던 바도 결코 아니었지만, 그렇더라도 행여 내 안에 명예에 대한 탐욕이 있지는 않았을까 한없이 조심스럽기만 하다.

필자는 지난 5월 14일 장로회신학대학교 123주년 기념 예식에서 네 번째 명예박사 학위를 받았다. 나는 1973년 장로회신학대학에 입학을 했으니 입학 후 50년이 지났다. 대학, 대학원, 신대원 그리고 공동학위 과정까지 꼭 10년 동안 학생의 신분으로 광나루 언덕을 오르내렸다. 내 뼛속까지 장로회신학대학교 신학과 정신으로 가득 차 있을 수밖에. 우스갯소리로 누군가 나를 엑기스로 만들어 떨어뜨리면 "장!신!" 소리 지르고 떨어질 것이라고 말하곤 한다. 핏속까지 대한예수교장로회 총회와 장로회신학대학교의 중심에 서는 신학, 통전적 신학으로 꽉 차 있는 사람이 바로 '나'라고 생각한다.

대학교에서 신학의 기초를 故 김이태 교수님으로부터 배웠다. 신구약 66권을 보는 시각을 故 김규당 교수님으로부터 배웠다. 故 박창환 학장님으로부터 성서신학의 해석을, 故 이종성 학장님으로부터 통전적 신학의 틀거리를 익혔다. 이만하면 내 뼛속 핏속 가득히 통합 총회의 신학과 정신이 가득 차있다고 주장하는 내 말이 무리는 아닐 것이라고 생각한다.

교단 안에서 교단 신학의 정체성을 알지 못하고 자투리 신학을 모아 교단 신학을 비판하는 목소리들이 가득할 때 필자는 교단 신학을 정리하는 책자들을 총회 이름으로 총회의 허락을 얻어 출간했다.

첫째, 복음과 에큐메니칼 신앙(대한예수교장로회 PCK의 뿌리와 정체성), 둘째, 우리 신학의 뿌리와 줄기, 셋째, 공적 복음과 공공신학이 그것들이다.

이번에 필자가 사양하고 망설이다가 총장과 당국의 결의 과정을 거쳐 모교인 장로회신학대학에서 명예신학박사 학위를 받은 감사와 기쁨은 참으로 크기만 하다. 지난 50년 찬바람 부는 세상과 목회 현장에서 걸어온 여정이 쉽지만은 않았으니 어찌 감회가 없으랴! 모교는 어머니 학교라는 뜻이다. 내 어머니가, 우리 주님이 힘겨운 짐을 지고 걸어온 내 어깨를 토닥여 주는 따뜻함을 느끼는 시간이었다.

"수고했다. 자랑스럽다. 남은 여정에서도 자랑이 되어 다오. 지금까지 지켜온 주의 종으로서의 명예를 잘 지켜다오."

이렇게 말씀하시는 것만 같아 나의 행복한 웃음 속에는 눈물이 고여 있었다. 내 인생 여정이 끝나는 날, 명예신학 박사가 탐욕이 아니라 내 주님 인정하시는 자랑의 면류관이 되기를 기도한다. 오늘 토닥여주시는 그 손길이 천국 문 앞에서도 이어지길 바라본다.

1969년 미국 나사는 최초의 유인 우주 비행 아폴로 발사를 예고했다. 전 세계가 기대로 술렁이는 가운데 무인 훈련을 마치고 마지막 리허설로 세 명의 우주 비행사가 직접 탄 유인 모의 훈련을 실시했다. 그해 1월 27일 '발사' 구호 단 20초 후 "불이야" 하는 비명과 동시에 비행선 내부가 전소되었다. 그토록 오랜 기간 훈련해왔던 아깝고 아까운 세 명의 우주 비행사들도 한 줌 재로만 남았다.

케네디 대통령과 나사 본부는 물론 전 국민이 충격과 실의에 빠졌다. 누구를 원망하거나 책임을 물을 엄두도 내지 못하고 있었다. 그때 프로젝트 책임자 유진 크랜츠(Eugene F. Kranz)의 대국민 연설같은 담화가 있었다.

"존경하는 국민 여러분, 우리 나사는 국민 여러분의 실망과 낙심 앞에 영원히 책임을 지고 싶습니다. 「엄격」하게 실패의 원인을 찾아내 밝히고자 합니다. 다시는 실패하지 않도록! 「치열」

하게 연구하고 또 연구하여 완벽한 설계로 성공을 보여드리겠습니다." 이 연설의 핵심적인 두 단어는 '엄격함과 치열함'이었다. 모든 실패의 자리마다 기억되어야 할 개념이었다.

단 3개월 후 '엄격함'의 결과물, 실패의 원인이 밝혀졌다. 비행의 발사와 착륙 과정의 엄청난 충격을 견딜 수 있도록 내부에 직물, 고무, 플라스틱 소재가 사용되고 출입문을 이중으로 만들어 비행사들이 탈출을 시도조차 하지 못한 채 전소되어 버렸던 것이다.

20개월 후 '치열함'의 결과물 아폴로 7호가 성공리에 발사되고 연속해서 8호, 9호, 10호, 11호로 이어지며 유진 크랜츠 프로젝트 팀의 성공이 이어지게 된다.

최근 리더십의 개념 중 프로젝트 기획자 리더십 혹 추진자 리더십이란 게 있다. 기업에서 "이걸요? 왜요? 제가요?"를 반복하는 MZ세대들과 함께 일하는 리더들이 반드시 갖춰야 할 리더십 덕목이 프로젝트 추진자 리더십이다. 이는 목회 현장 교회에서 목사들이 배워야 할 리더십이기도 하다. 교회마다 지금쯤 사순절, 부활절 프로그램을 준비하고 진행 중일 것이다. 이런 프로그램이 한 번 실패하고 나면 리더십에 대한 신뢰가 무너지고 다시 유사한 프로그램을 진행하기가 쉽지 않다.

바로 이때 기억해야 할 단어가 '엄격함과 치열함'이다. 목적 설정이 잘못된 것은 아니었나? 이 프로그램의 성경적, 본질적 가치가 교인들에게 잘 전달되었나? 교역자와 교인들로 구성된 조직이 잘 되고 그들 모두가 자신이 감당해야 할 역할을 잘 인식하고 철저히 준비했나? 추진 단계별 과정, 과정이 광고 홍보만으로 이어져 몸과 마음, 그리고 열정을 얻는 데 실패한 것은 없는가? 냉정하고도 엄격한 반성과 평가 없이는 절대 성공은 있을 수 없다. 그리고 '치열한' 몸부림과 열정으로 다음 프로그램을 기획하고, 준비하고, 훈련하고, 리허설 과정을 거쳐 진행해야 한다.

나는 이미 50년 교역자 생활, 34년 한소망교회 목회를 마무리한 후 다른 타이어를 끼고 한국교회, 우리 사회 구석구석 하나님 나라 목회를 하고 있다. 지난 50년 매주 드리는 예배를 허투루 드린 적은 없었는가? 간단없이 실시해왔던 목회 프로그램 추진에서 실패한 적은 없었는가? 돌아보게 된다.

• 한 번의 예배, 한 번의 설교에서 생명을 거는 마음으로 최선을 다하자.

• 만 명을 한 명처럼, 한 명을 만 명처럼

• 건축 과정에서 약속은 1일도, 1원도 어김없이 지킨다.

• 특별히 새로운 목회 프로그램을 도입할 때는 내가 먼저 배우고 또 배우고, 익히고 또 익혀 확신을 가진 다음 실시한다.

최근 정치 정당들, 기업들은 물론 교회들도 뼛속 깊이 새기고 기억해야 할 단어는 '엄격함과 치열함'이 아닐까?

우리나라 인구 감소 추세를 분석한 우석훈 박사의 책「천만 시대」에 의하면 지금 초등학교 4학년 손녀가 내 나이가 되면 스웨덴, 스위스처럼 우리나라도 천만 국가가 되어 친만 시대를 살아가야 한다. 오늘 우리 시대를 읽는 핵심 키워드는 축소 시대이다. 축소 시대란 인구, 경제 성장 등 모든 면에서 더 이상 성장이 일어나지 않는 시대를 말한다. 부, 기회, 자원 등 사회의 전체적 파이가 오히려 작아지고 있는 사회를 말한다. 저출산 고령화로 인구는 감소한다. 기술의 발전으로 생산성은 높아지고 공급은 과잉된다. 사회 양극화는 점점 더 심화되고 누군가의 파이를 빼앗아야 내 파이가 커지는 제로섬 사회가 된다. 정치 또한 좌우 양 진영에서 오징어 게임이 일어난다. 축소 사회의 쌍둥이 갈등 사회가 우리 곁에서 함께 자란다. 수축 사회의 폐해는 예측이 아니라 이미 정해진 길이라는 차원에서 그 심각성이 있는 것이다.

축소 시대 교회는 어떠한가? 우리 시대 축소 현상은 곧 종교의 축소, 교회의 축소화를 낳았다. 탈종교 시대, 탈교회 시대를 가져왔다. 한국교회 역시 극단적 양극화로 교회 생태계가 파괴되고 있다. 팽창 시대 교회 주일학교, 성경학교를 섬겼던 시니어들은 입버릇처럼 요즘 다음 세대가 왜 이 모양이냐고 한탄을 한다.

축소 시대 세계 기술, 과학, 문명은 우주의 빅뱅처럼 새로운 세계를 향하여 빛의 속도로 달리고 있다. 그 중심에 인력을 대신할 인공지능 AI 로봇들이 로봇 사피엔스 시대를 만들어가고 있다. 휴머노이드 AI는 인간과의 구별을 모호하게 하고 있다. 피지컬 AI는 사람의 섬세함이나 감정까지도 인간을 능가하기 시작했고 행여나 인공지능 AI가 인간의 통제를 벗어나 우주의 주인이 되면 어떻게 하나 AI 윤리를 염려하기에 이르렀다. 생성형 AI는 우리의 모든 생활 속으로 깊숙이 파고들고 있다. 국가의 군 운용도 발 빠르게 직업군인 시대를 향해 나아가고 있다. 국가의 국방도, 전쟁도 무인전투기, 드론 등 AI가 도맡아 하고 있다.

축소 사회라는 신시대 교회 성장 신학, 부흥의 개념 또한 재해석이 필요하지 않겠는가? 팽창 시대의 부흥은 숫자와 밀접한 관계가 있었다. 물량주의 양적 성장, 대형교회 지향, 대규모 전도 집회 등등이 부흥의 대명사였다. 그러나 축소 시대 대형교회는 더 이상 교회의 모델이 될 수 없고 신학생들의 동경이 되어서도 아니 된다. 강소형 건강한 교회들이 한국교회를 섬기도록 도와야 한다. 지금 우리는 성경적 부흥으로 돌아가자고 외치던 종교개혁자들의 본질 회복에 귀를 기울여야 한다. 교회는 십자군이 되어 힘을 가지고자 하는 노력을 멈추어야 한다. 그 대신 사회의 아픔과 정의의 소리에 귀를 기울여야 한다. 총회 또한 선거, 재판, 감사, 재정 관리 등에서 정직하고도 깨끗한 빛이 되어야 한다. 교회는 멀티제너레이션 시대를 통과하며 모든 세대 한 사람이 주님의 열두 제자처럼 소중히 양육되고 존중받아야 한다. 이제 결론은 분명해졌다. 교회 부흥! 규모나 숫자가 아니라 본질이요 방향이다!

20세기 중엽, 모진 고난을 겪은 두 민족이 있다. 한국인과 유대인이다. 동쪽에서는 일본 제국주의에 의해 한국인이, 서쪽에서는 독일 나치에 의해 유대인이 모진 고난을 겪었다.

1941년, 일본 제국주의는 세계 패권의 야심을 드러내며 그들이 '대동아전쟁'이라 부른 태평양 전쟁을 일으킨다. 이 무렵, 일제의 핍박과 전쟁으로 인해 죽은 우리 백성은 500만 명을 훌쩍 넘고, 통계에 잡히지 않는 사람들까지 더하면 800만 명에 이른다. 그것도 모자라, 1945년 8월 17일에는 우리 민족 지도자들과 교회 지도자들을 모조리 죽일 계획까지 세웠다. 그러나 그 음흉한 계획은 수포로 돌아가고, 이틀 전인 8월 15일 우리는 해방을 맞는다. 만약 이틀만 더 늦었더라면 어찌 되었을까? 하나님의 계획과 역사는 신묘막측하다.

같은 시기, 지구 저 건너편 독일에서는 600만 유대인을 향한 비극적인 대학살이 벌어진다. 이 비극을 기억하기 위해 유대인들은 예루살렘에 대학살 기념관을 세운다. 건축가 모세 샤디 프가 설계한 이 기념관은 '야드바셈 홀로코스트 박물관'이라 불린다. 예루살렘 외에도 미국 백악관 건너편 기념관을 비롯해 미국 전역에 7개, 유럽의 파리, 베를린 등에도 같은 이름의 기념관이 세워졌다. '야드바셈'이란 히브리어로 "기억하라"는 뜻이다. 기념관 입구에는 다음과 같은 문구가 새겨져 있다.

"용서하라! 그러나 잊지는 마라!"

'야드바셈!' 일본의 잔악함을 잊지 않기 위해 만든 영화 한 편이 있다. 몇 년 전 상영된 「동주」이다. 올해는 해방 80주년이자, 윤동주 서거 80주년이 되는 해이기도 하다.

이 영화는 우리가 교과서에서 '서시'로 만났던 시인 윤동주의 삶과 고뇌, 애국심을 그린 작품이다. 윤동주 곁에는 독립혁명가이자 시인이며 사촌인 송몽규가 늘 함께 있었고, 영화 속에서도 함께 주인공으로 등장한다. 이 영화는 개명까지 하며 일본 유학길에 올랐던 당대 엘리트들의 고뇌와 비극을 통해, 서민 백성들의 비참한 삶을 비추고자 했다.

윤동주는 제국주의의 노예 백성으로 살아가며, 자신이 시인이 되고 싶어 하는 안일한 꿈조차 부끄러워하며 몸부림친다. 그때 송몽규는 윤동주에게 말한다.

"니는 계속 시를 쓰라. 총은 내가 잡는다."

즉, 너는 이 비극적인 역사를 글로 남겨라. 처단은 내가 하겠다는 것이다.

「동주」 영화를 보고 나오며 한 평론가는 이렇게 말했다.

"잊지 말아야 한다. 지금 우리가 아무리 평안한 나날을 보내고 있을지라도, 그 비극의 암흑기를 살았던 이들이 있었기에 이 평화가 가능했다는 사실을 기억해야 한다. 그들은 평화를 꿈꾸며 싸웠고, 마침내 죽어갔다. 그 시대, 그 영웅들, 그 역사를 우리는 결코 잊어서는 안 된다. 꿈엔들 잊을 건가? 지난날을 잊을 건가?"

몇 년 전, 일본을 여행하던 중 마침 후쿠오카를 지나고 있었다. 공교롭게도 그날은 2월 16일, 윤동주가 감옥에서 생을 마감한 날이었다. 여행 일정을 중단하고, 감옥을 찾아가 보고 싶었다. 어렵사리 옛 감옥터를 찾아갔지만, 이미 감옥은 사라지고 다른 건물들이 들어서 있었다.

그 담장에는 누군가 남긴 글귀가 있었다.

"한국에서 그날을 기억하기 위해 한 젊은이가 이 감옥에 왔다 가노라."

그리고 그 글귀 옆에는 윤동주의 죽음을 기억하며 꽂아두었을 한 송이 꽃이 담장 위에 놓여 있었다. 나는 그 앞에서, 함께한 이와 손을 잡고 조용히 기도드렸다.

정치는 짧고 하나님의 교회는 영원하다 (1)

지난 8월 26일 소망교회에서 제110회 총회를 앞두고 부총회장 후보 정견 발표와 질의응답 시간이 있었다. 정견 발표에 앞선 예배 시간, 나는 증경총회장의 이름으로 설교를 맡게 되었다. 설교를 준비하며 기도하지 않을 때가 있었으랴만은, 어떤 말씀을 전해야 할지, 한국교회와 교단의 미래를 묵상하는 내내 가슴이 아프고 눈물이 자꾸 흘러내렸다.

어느 한 교회, 한 교단이 소중하지 않겠는가? 그러나 그 가운데서도 '성경적 복음주의, 에큐메니칼 정신, 통전적 중심에 서는 신학'을 표방하는 대한예수교장로회(통합, PCK) 총회는 한국교회는 물론 세계교회 안에서도 매우 중요한 교단이다. 140년 전 언더우드 선교사가 한국 땅에 첫발을 내디디며 새문안교회를 세우고, 이어 대한예수교장로회 총회를 설립한 이래 그 전통과 유산을 온전히 이어오고 있기 때문이다.

한국에 복음을 전해 준 선교사들은 학교, 병원, 방송국, 복지 재단과 각종 연합기관들을 PCK 교단에 온전히 맡기고 지금까지도 국제 무대에서 손잡고 세계교회를 섬겨왔다. 이 정통성과 신학적 정체성을 이어가도록 총회가 개회되면 가장 먼저 총회장을 선출한다. 우리 교단의 총회장은 '프레지던트(president)'나 '비숍(bishop)'이 아니라 '모데라토(moderator)'이다. 다른 교단의 프레지던트나 비숍들이 4년 이상 장기간 교단장을 역임하기도 하기에 우리도 4년제를 도입해야 한다는 목소리가 있기도 하다. 그러나 모데라토는 교단의 전통과 정체성이라는 바통을 매년 이어가는 사람이다. 최선을 다해 달리고, 그 바통을 떨어뜨리지 않은 채 다음 이에게 온전히 전달하는 것이 사명이다.

어느 총회, 어느 총회장이 중요하지 않겠는가? 그러나 지금은 시대적으로 중차대한 순간이다. 축소 사회, 갈등 사회, 탈종교 사회, 교회 신뢰 하락, 다음 세대 급감, 가나안 교인 증가, 그리고 디지털 AI 시대까지 위기들이 빛의 속도로 몰려오고 있다. 이때 총회장이나 각 부서장, 위원장으로 섬겨야 할 사람들을 생각하면 자꾸 눈물이 난다. 한국교회는 이미 모 특검 수사로 방송국과 교회가 압수수색을 당하기도 했다. 그때 "하나님의 이름이 거룩히 여김을 받으소서"라는 절규가 저절로 터져 나왔다. 교회의 거룩성이 세상 정부 앞에 짓밟힌 것이다. 그들의 구둣발 밑에 나라도 무릎을 꿇고 금식기도라도 해야 하나 싶다.

바로 그때 눈물로 기도하다가 "정치는 짧고 하나님의 교회는 영원하다"라는 제목으로 말씀을 전하게 되었다. 이는 누구를 탓하기 전에 교회가 스스로 거룩함을 지켜야 한다는 뜻이었다. 세상에서도 이미 사라진 매표 행위, 인사와 관련된 돈 봉투, 연금 문제, 재판, 이대위 활동, 감사, 선거의 부정과 부패와 타락… 이런 소문과 의혹에서 벗어나 이제는 깨끗하고 투명해야 한다. 하나님의 사역을 두렵고 떨림으로 위임받아 섬겨야 한다. 1년은 눈 깜짝할 사이에 지나간다. 그것이 권력이라면 그저 쥐꼬리만 한 것이다. 하나님 앞에서 심판의 대상이 아니라 면류관이 되도록, 부끄럽지 않은 섬김의 기회가 되어야 한다.

"정치는 짧고 하나님의 교회만 영원하다."

제106회 총회가 개회되기 전날인 듯싶다. 가족들과 함께 저녁 식탁에 둘러앉아 가정 예배를 드리고 있었다. 당시 유치원에 다니던 손녀에게 식사 기도를 부탁했고, 특별히 할아버지를 위해 기도해 달라고 당부했다. 총회장 취임이 어떻고 저렇고 설명하기는 어려워서, "내일 아침은 할아버지가 모든 교회의 대장이 되는 날이란다"라고 말했다. 두 눈을 말똥거리던 손녀가 대답했다. "할아버지 대장은 따로 있잖아." 늘 할아버지가 져 주던 손주였으니 자기가 대장이라 말할 줄 알았다. 그런데 손녀의 말은 달랐다. "할아버지, 교회 대장은 예수님이잖아!" 총회장으로 취임하기 전, 어린 손녀에게 멋지게 한 방 얻어맞은 셈이었다. "아, 총회장은 예수님이 교회의 대장이심을 드러내는 사람이구나! 예수님을 섬기듯 교회를 섬기는 사람이구나!" 그날 우리 손녀에게서 위대한 설교 한 편을 들었다.

다윗이 왕으로 기름부음을 받기 전, 가장 인상적인 경험은 골리앗과의 싸움이었다. 어린 다윗이 골리앗을 향해 외친 선언에는 하나님 나라의 원리가 담겨 있었다. "너는 칼과 창과 단창을 의지하지만, 나는 만군의 여호와의 이름으로 너에게 나아간다. 전쟁은 여호와께 속한 것이다."(사무엘상 17:25) 하나님은 다윗에게 무기를 의지하는 골리앗의 나라가 아니라, 하나님이 왕 되신 하나님의 나라를 세우라고 말씀하셨다.

왕이 된 다윗은 여러 전쟁에서 승리하고 남북 통일 왕조를 세웠다. 그리고 자신이 다스리는 나라가 얼마나 크고 백성이 많은지 인구조사를 한 후, 사무엘하 마지막 장에서 하나님께 크게 책망받는다. 이어지는 열왕기상 1장에서는 다윗이 나이가 많아 이불을 덮어도 따뜻하지 않은 신세가 되고, 2장에서는 죽을 날이 임박했음을 느끼며 "나는 세상 모든 사람이 가는 길로 가게 되었다"라고 고백한다.

바로 이것이 인생이다. 인생은 짧고 하나님의 나라만이 영원하다. 무엇이 되었는가, 어떤 업적을 남겼는가보다 중요한 것은 그 길을 어떻게 걸어왔는가, 무엇을 위해 그 업적을 세웠는가이다.

며칠 후 9월 23일이면 대한예수교장로회 제110회 총회가 개회된다. 총회 임원은 물론, 각 부와 위원회의 임원들도 선출되어 취임하게 된다. 이분들은 총회 산하 9천500여 교회, 220만여 성도를 대표해 교회를 섬길 귀한 사명을 맡는다. 그렇기에 반드시 기억하고 기도해야 할 일이 있다.

첫째, 선출되는 과정에서 하나님과 교회 앞에 부끄럽지 않아야 한다.

둘째, 성경 중심 복음주의와 에큐메니칼 정신이라는 총회의 정체성을 반드시 붙들어야 한다.

셋째, 1년의 임기는 그리 길지 않다. 맡은 달란트를 땅에 묻어 책망받는 종이 되어서는 안 된다.

넷째, 디지털과 AI, 과학기술이 빛의 속도로 발전하는 시대다. 전에 없던 새로운 정책과 길을 열어가기를 기대한다.

기억하자! 정치는 짧고 하나님의 교회는 영원하다. 맡은 자는 죽도록 충성해야 하며, 그 일에는 반드시 심판이 있고 상급이 있으리라!

“수고했다. 자랑스럽다.
남은 여정에서도 자랑이 되어 다오.
지금까지 지켜온 주의 종으로서의 명예를 잘 지켜다오.”

이렇게 말씀하시는 것만 같아
나의 행복한 웃음 속에는 눈물이 고여 있었다.
내 인생 여정이 끝나는 날,
명예신학 박사가 탐욕이 아니라
내 주님 인정하시는 자랑의 면류관이 되기를 기도한다.
오늘 토닥여주시는 그 손길이
천국 문 앞에서도 이어지길 바라본다.

(4장)

주님이 주신 몸과 시간을 돌보는 이야기

몸은 하나님의 성전이다. 그러므로 우리는 우리 몸을 가지고 하나님께 영광을 돌려야 한다. "너희 몸은 너희가 하나님께로부터 받은 바 너희 가운데 계신 성령의 전인 줄을 알지 못하느냐."(고전 6:19) 하나님의 성전인 우리 몸을 건강하게 잘 관리해야 한다. 몸으로 죄짓지 말아야 하고 병으로 앓아눕지도 않을 수 있으면 좋다. 행여 고장이 생기면 최선을 다해 잘 고쳐야 한다. 건강은 내 인생에 대한 예의다. 건강은 내가 사랑하는 사람들에 대한 예의다. 건강은 내 몸 주신 하나님에 대한 예의이다.

나는 50이 다 되도록 건강을 관리하며 살 여유가 없었다. 때를 따라 제시간에 먹지도 못하고 바쁘게만 살아왔다. 15~16년 전까지만 해도 자주 앓아눕곤 했다. 그때마다 하나님께 죄송하기 짝이 없었다. 하나님께서 주신 건강인데 잘못 관리하여 교회의 일을 문득문득 중단해야 했다. 나를 사랑하는 사람들, 교회 앞에 죄송하기 짝이 없었다.

나는 기도하다가 정중하게 무릎을 꿇고 내 몸에게 사과했다. 아픈 부위마다 손을 얹고 "위야 미안하다. 내가 가난하게 살아서 있으면 먹고 없으면 못 먹고 그러다 보니 네가 얼마나 힘들었을까. 네가 건강해야 하느니라. 예수님의 이름으로 명령한다. 위야 건강해져라." 그리고 간에게도 정중하게 사과를 했다. "얼마나 힘들었니. 얼마나 피곤했니." 과로하면서 살아왔던 나였다. 하나님 앞에서 용서를 구했다. 갑상선에도 손을 얹고 용서를 구했다. 아! 건강은 내 인생에 대한 예의구나. 나를 사랑하는 사람들에 대한 예의구나! 교회 앞에 예의구나! 내 몸 지으신 하나님 앞에 예의구나! 깨닫게 되었다.

많은 기도 가운데 치유 기도를 배우고 성령의 임재와 함께 치유할 수 있는 능력을 달라고 신유의 은사를 달라고 기도했다. 다른 사람들을 위한 기도를 하기 전에 그때마다 내 몸에 손을 얹고 기도했다. "예수님의 이름으로 명령합니다." 기도하면 많은 연약해진 지체들이 건강해지는 것을 경험하곤 한다. "주께서 채찍에 맞음으로 나는 나음을 얻었다." 내게 임하신 성령님에게는 치유하는 능력이 있다. 보혈의 권세, 예수 이름의 능력은 치유의 권세가 있다.

그뿐만 아니라 건강해진 몸을 하나님 앞에 잘 관리하기 위해서 차분하게 음식 관리를 시작했다. 그리고 운동하는 일을 게을리하지 않았다. 물을 적절하게 충분히 마셨다. 그러나 아직도 많이 부족하기만 하다. 휴식 시간을 잘 지키지 못한다. 스트레스 관리에 약점을 가지고 있다. 나는 사람을 싫어하지 않는다. 그러나 싫어하는 종류의 사람이 하나 있다. 스트레스 주는 사람은 싫다. 내 건강을 빼앗아 가는 사람이기 때문이다.

건강은 사랑하는 사람들에 대한 예의다. 나를 만드시고 이 땅에 보내주신 하나님에 대한 예의다. 우리는 우리의 영성을 잘 관리해야 한다. 몸은 성령님이 계신 자리이다. 무릇 지킬만한 것보다 네 마음을 지켜라. 상처를 주지도 말고 상처받지도 말고 받은 상처 치유 관리를 잘 해야 한다. 내게 맡겨준 사람들과 건강하게 행복하게 잘 지내야 한다. 무엇보다 우리의 몸을 건강하게 잘 관리해야 한다.

건강! 자기 인생에 대한 예의요, 배우자나 자녀들에 대한 예의다. 내가 섬기고 살아야 할 교회와 하나님에 대한 예의다.

하나님은 인간을 지으실 때 하나님의 형상으로 지으시고 보시기에 참 좋았더라(창 1:27, 31) 말씀하셨다. 이 말은 하나님이 우리 인간을 허약하고 병든 몸으로 창조하신 것이 아니라 아름답고 건강한 모습으로 창조하셨다는 뜻이다. "사람이 만일 온 천하를 얻고도 자기 목숨을 잃으면 무엇이 유익하리요"(막 8:36) 생명을 주신 분은 하나님이시니 하나님께서 언제든지 나를 사용할 수 있도록 늘 건강하게 준비되어 있어야 한다.

예수님께서 이 땅에 오셔서 많은 이적을 행하셨는데 그중 가장 많은 이적이 병든 자를 고치신 사역이다. 예수님은 우리 인간의 건강을 대단히 소중하게 생각하셨다. 그러므로 하나님의 자녀들이 건강하게 살아가는 것은 내 인생에 대한 예의 이전에 나를 만드신 하나님에 대한 예의라 할 수 있을 것이다. 그뿐만 아니라 나를 사랑하는 사람들, 내 곁에 있는 그 소중한 사람들에 대한 예의다.

내가 건강하게 사는 것은 하나님의 뜻이다. 나의 재물도 내 것이 아니다. 하나님의 것이다. 내가 가진 은사도 내 것이 아니다. 나아가서 내 몸, 내 건강도 내 것이 아니고 하나님의 것이다. 우리는 단지 관리자, 청지기일 뿐이다. 하나님의 것을 물려받았으면 우리가 건강하게 잘 관리해야 한다.

건강이 무엇일까? WHO 세계보건기구는 1984년 건강을 이렇게 정의하고 있다.「영적으로, 정신적으로, 사회적으로, 신체적으로 온전한 상태」. 이 정의는 성경의 "샬롬"이란 말과 같은 뜻으로 온전한 상태 즉 총체적 건강을 의미한다. 나이가 들어가며 무엇보다 중요한 것은 영적인 건강이다. 하나님이 흙으로 사람을 빚어 만드시고 그 코에 생기를 불어넣으시니 생령이 되었다. 몸을 가진 영적인 존재가 되었다는 것이다.

우리 건강의 중심은 영적인 건강이다.

1) 나는 하나님, 하나님의 말씀, 하나님의 임재에 대한 갈망이 있는가?

2) 나는 예배드리는 것이 행복하고 교회 생활이 즐거운가?

교회에서 일할 사역터가 있는가? 그 사역이 행복한가?

3) 나는 죄에 대해 민감하며 죄를 이기려는 거룩한 몸부림
이 있는가?

4) 내게 상처로 남아 있는 누군가를 용서하고 나의 마음을
깨끗이 청소했는가?

5) 나는 영적 훈련에 기꺼이 동참하고 있으며 나의 신앙은
성장되고 성숙되고 있는가?

6) 나는 하나님 나라를 갈망하고 하나님 나라 가치관과 그
정신으로 살아가려고 애쓰는가?

스스로에게 자문해 보라. 영성이 병들면 정신은 병이 든다. 육체는 허약해질 수밖에 없는 것이다. 하나님의 사람들은 마음이 건강해야 한다.

우리 그리스도인들은 육체적 건강 이전에 영적인 건강, 신앙생활의 건강, 정신적인 건강, 내적인 건강이 우선되어야 한다. 가까운 사람들과의 관계가 행복하고 건강해야 한다. 가정생활, 직장생활, 목장 생활, 교회의 사역, 공동체 생활이 기쁘고 즐거워야 한다.

목사들 사이에 흔히들 하는 말이 있다. 허물과 실수가 있어

도 회개하면 다시 쓰임 받을 수가 있으나 건강을 잃어버리면 쓰임 받을 수가 없다는 것이다. 육체적 건강도 중요하지만, 우리의 마음과 생각이 건강한 건 더욱 중요하다. 한 걸음 더 나아가 이 모든 건강보다 중요한 건 하나님과의 관계이다. 우리의 신앙생활, 영적인 삶이 건강해야 한다.

「성경이 내 몸을 살린다」라는 책이 있다. 'Greater health God's way – 더 나은 건강을 위한 하나님의 방법'이 이 책의 원제이다. 건강에 관한 성경적 원리를 실명하고 있는 이 책에서 저자 스토미 오마샨(Stomie Omartian)은 평생 건강하게 사는 7가지 거룩한 습관을 7개의 P자로 설명하고 있다.

필자는 5P – 5개의 P자로 건강한 습관을 설명해 보고자 한다.

1. Peaceful 스트레스를 이기는 평안한 삶

2. Pure 청정한 음식

3. Proper   적당해야 하는 셋이 있다. 운동과 휴식과 햇볕을 쬐는 일이다.

4. Plenty 충분해야 될 것이 있다. 물을 마시는 것이다.

5. Prayer 기도하고 금식하는 일이다.

<u>첫째, Peaceful Living : 스트레스를 이기는 평안한 삶이
다.</u>

많은 의사들이 모든 병의 95%는 스트레스와 관련 있다고
말한다. 한의학에서는 이를 두고 울화라고 말한다. 물론 스트레
스엔 합격, 취직, 결혼… 좋은 일들로 인해 찾아오는 긍정적 스
트레스도 있다. 이것 또한 긍정적이긴 하지만 스트레스인 것은
분명하다. 일반적으로 스트레스라고 하면 죽음, 이별, 충격, 불
안, 분노, 근심, 걱정 등 부정적인 스트레스를 말한다.

현대인들이 도시 환경 속에서 살아가며 겪는 것들은 대체
로 스트레스이다. 소음, 오염, 교통난, 경쟁, 잘못된 먹거리, 운
동 부족, 죄 속에 살아감, 많은 사람들과 어울려 살아갈 수밖에
없는 환경 등 이 모든 것이 스트레스이다.

스트레스를 이기려면 스트레스가 밀려오는 상황을 바꾸든
지 부정적 환경을 이겨낼 만큼 내공을 키워 자족하며 살아가는
길밖에 없다. 가장 어리석은 방법 중 하나가 두 가지 술에 의존
하는 것인데 바로 점술과 마시는 술이다.

지혜로운 방법이 있다. 하나님과 나만이 가질 수 있는 조용
한 공간을 가지는 것이다. 하나님과 나만이 가질 수 있는 조용한
시간을 만들어 내는 것이다. 근심과 염려 그리고 분노와 불안을

비우고 사는 것이다. 하나님 앞에 기쁜 찬송을 드리는 것이다. 감사하고 사는 것이다. 모든 상황을 긍정적으로 받아들이고 해석하는 것이다. 입술로 긍정적인 언어를 사용하는 것이다. 바로 이것들이 스트레스를 치유하는 최고이자 최선의 방법이다.

하나님과의 관계 속에서 울고 웃으며 스트레스를 치유할 수 있는 공간이 있다면 근사한 일이 될 것이다. 필자가 섬기는 교회엔 은혜의 동산이란 영성훈련 공간이 있다. 마음껏 웃고 평생 쌓아왔던 하나님을 향한 감사를 표현하며 쌓인 상처를 쏟아내는 눈물의 장소가 있다. 이 얼마나 멋진 장소인가?

스트레스 치유에서 반드시 전제되어야 할 한 가지 과제가 있다. 어릴 때 받은 상처로부터 자유함을 받아야 한다. 내 부모, 선생님, 내 리더들을 용서하는 일이다. 성장한 이후에 거절을 받거나 상처를 받은 사실도 잊어야 한다. 용서를 선언해야 한다. 예수 그리스도의 이름으로! 하나님께서 나를 용서하셨듯이 나도 그들을 무조건 용서해야 한다. 용서하지 않고 상처를 끌어안고 살아가면 심각한 인생의 실패와 질병을 가져올 수 있다.

<u>두 번째, Pure Food : 청정한 음식이다.</u>

최근 많은 사람들이 먹는 음식에 관해 관심이 많아졌다. 옛날엔 있으면 먹고 없으면 안 먹었다. 예전에 나는 3가지만 못 먹었다. 안 줘서 못 먹고, 없어서 못 먹고, 배불러서 못 먹었다. 요즘은 음식에 제철 음식이 없어졌다. 먹는 것이 복잡해졌다.

나는 환절기가 되면 한 번씩 죽다 살아날 만큼 몹시 아프곤 했다. 기침, 천식, 감기, 구내염을 달고 다녔다. 그러나 최근엔 이런 질병들과 아무 관계가 없는 사람이 되었다. 이런 질병들을 최근 10년 동안 크게 앓아본 적이 없다. 물론 가끔 재채기를 하고 콧물도 난다. 그러나 감기라고 할 만한 병은 앓지 않았다.

우리 몸의 세포는 60조 개 정도 된다고 한다. 감사하게도 이 모든 세포는 죽고 다시 만들어지고를 반복한다고 한다. 3개월마다 피의 흐름이 바뀌고, 11개월마다 모든 세포는 새로워지고, 2년마다 뼈는 새로 만들어진다. 지금부터 2년 동안만 잘 관리하면 온몸이 새로워질 수 있다는 얘기이다.

가공된 음식, 짠 음식, 튀긴 음식, 인스턴트 음식, 캔에 담긴 음식, 불에 탄 음식, 설탕 등 백색 가루를 먹었다고 해서 당장 앓아눕는 것은 아니다. 그러나 이런 것들이 몇 년에 걸쳐 독소로 내 몸에 쌓여갈 때 심각한 질병이 찾아올 수 있다. 결국은 노화를 촉진하고 저항력을 상실하고 활성산소를 쌓아 죽음으로 우리를 몰아가게 된다.

하나님은 우리를 이 땅에 사는 동안 건강하고 활기차게 살도록 창조하셨다. 내가 음식을 먹는 원리는 간단하다. 하나님이 주신 그대로 먹으면 된다. 자연이 주는 그대로 먹으려고 애를 쓰면 된다는 것이다. 이것이 건강의 핵심이라는 '효소 엔자임'을 우리 몸에 담고 사는 비결이다.

식사 순서도 중요하다. 밥상에 신선한 과일이나 야채가 있으면 그걸 제일 먼저 적당히 먹는다. 반찬 중에도 짜지 않은 야채 반찬을 먼저 먹는다. 그리고 밥을 먹는다. 곡물은 통밀빵이나 현미 등 정백하지 않은 음식을 천천히 꼭꼭 씹어 먹으려고 애를 쓴다. 하나님이 씨앗을 먹으라 말씀하셨으니, 하루에 한 번 정도는 견과류를 먹으려고 애를 쓴다. 발효된 된장찌개나 청국장이 있으면 그만이다. 고기나 생선 종류는 최대한 절제해 조금씩 먹는다. 그리고 과식하지 않는다. 밥을 먹는 시간도 참 중요하다. 아침은 7시, 점심은 12시 30분, 저녁은 7시 이전에 먹는다. 해가 넘어가고 난 다음엔 야식을 절제한다.

영양제를 먹는 것에도 이견들이 있을 수 있다. 의사들은 한결같이 영양가 있는 음식을 제대로 먹으면 비타민제나 영양제가 필요 없다고 한다. 물론 옳은 말이고 나 역시 동의한다. 그러나 현대인들이 제대로 된 음식을 균형 있게 충분히 먹는다는 건 거의 불가능하다. 보통 산지에서 덜 익은 과일과 야채들이 유통 과정에서 익도록 만들어진다.

그러므로 경제적인 여유가 있으면 종합비타민 한 알 정도는 먹으면 좋다고 생각한다. 물론 돈이 들어가지만 먹지 않고 병이 나서 질병을 치료하는 데 드는 돈은 훨씬 더 크다는 사실을 기억해야 할 것이다. 영양제를 과신하거나 자신에게 맞지도 않은 건강보조식품, 기능식품을 무조건 먹지만 않는다면 분명 도움이 되리라 본다.

<u>세 번째, Proper 3 : 적절해야 할 것 3가지… 운동, 휴식, 햇볕.</u>

사람의 생명을 단축시키는 중요한 요인 셋이 있다. 심한 스트레스, 잘못된 식습관, 운동부족이다. 운동을 하지 않으면 우리 몸의 노폐물이 쌓여간다. 순환이 제대로 되지 않는다. 내장기관이 늙어간다. 사용하지 않은 근육은 퇴화된다. 그러므로 우리는 나이가 들어갈수록 활동량이 줄어들지 않도록 부지런히 움직여야 한다. 우리 몸에는 600가지가 넘는 근육이 있다. 쓰지 않으면 퇴화될 수밖에 없다.

40대부터라도 하루 30분 정도 계획적으로 운동을 하면 노화 진행을 10년 이상 늦출 수 있다. 오래 살 수 있다. 그리고 건강하게 살 수 있다. 건강에는 굵고 짧게 산다는 게 없다. 굵고 길게 살든지 비실비실 가늘게 짧게 살든지 둘 중 하나이다.

계단 하나만 걸어도 한 계단에 0.15칼로리가 소모된다. 한 계단만 올라가도 4초의 수명이 연장된다고 한다. 이탈리아 장수

마을 캄포디 벨라를 연구한 의사들의 결론은 한 가지이다. 이 마을 사람들이 계단을 많이 걸어 다닌 것이다.

세계 최고 비만의 도시로 알려진 뉴욕의 시장 블룸버그가 시민들에게 엘리베이터를 중지시키고 계단을 걷게 한 이후 급격히 비만 환자들이 줄어들고 있다. 이에 더해 적당한 휴식, 숙면 그리고 햇볕이 우리의 건강을 지켜주는 건 두말할 나위가 없다. 햇볕은 우리 피부에 에너지를 공급하고 몸엔 비타민 D를 형성, 칼슘흡수를 도와준다. 그리고 신경을 안정시켜 준다. 적절하게 햇볕을 쐬고 살면 우리의 손톱, 발톱, 이빨이 단단해진다. 잇몸과 머리카락이 건강해지고 피부, 안색이 건강해 진다. 하루 20분 정도 우리 몸을 햇볕에 노출시켜 간단한 운동을 즐기는 것은 건강에 꼭 필요한 일이다.

적절한 운동, 적당한 햇볕과 함께 적당한 휴식 즉 수면생활이 건강해야 한다. 수면을 대신할 수 있는 것은 그 무엇도 없다. 간밤에 잠을 잘 못 잤으니 오늘 잘 먹어야지! 소용없는 일이다. 수면시간은 우리의 온몸, 세포, 장기가 회복되는 시간이다. 그러므로 밤 11시부터 새벽 4시를 반드시 포함시켜 잠을 자고 하루 7시간 30분은 자야 한다. 너무 많이 잠을 자는 것도 건강에 좋을 리 없다. 적게 자고 건강을 지킬 수도 없지만 너무 많이 자도 건강에 좋지 않다.

<u>네 번째, Plenty of Water : 충분한 물.</u>

우리 몸 그리고 혈액의 80%는 물로 이루어져 있다. 물은 소화, 영양흡수, 신진대사, 노폐물 제거, 독소배출의 작용을 한다. 이 모든 일을 원활하게 담당하고 피부를 건강하게 유지하기 위해서는 하루 2리터 정도의 물을 마셔주어야 한다. 단, 커피, 티, 콜라, 사이다, 탄산음료, 주스 등은 물로 대용될 수 없다. 커피 한 잔을 마셨다면 2리터 플러스 물 한 잔을 더 마셔 주어야 한다.

나는 아침에 일어나면 물 두 컵을 마신다. 아침과 점심식사 사이 10시쯤 물 두 컵을 다시 마신다. 그리고 점심과 저녁식사 사이 오후 4시에서 5시 사이 물 두 컵을 마신다. 식사 시간에는 반 잔 정도, 잠자기 한두 시간 전에 한 잔을 더 마시면 2리터 이상 충분히 마실 수 있게 된다.

<u>다섯째, Prayer : 기도와 금식</u>

금식기도는 내게 영적, 내면적 자유를 선물해 준다. 마귀는 힘을 잃고 상처는 치유되고 육체는 새로워진다. 신구약 성경에 80번 이상 언급된 금식기도는 하나님을 압박해 내 욕심을 채우는 시간이 아니다. 자신의 연약함과 근심거리를 하나님께 내어 드리는 시간이다.

금식기도가 영적으로 큰 유익이 있다는 사실은 인정하지만, 우리의 건강에도 도움이 된다는 말인가? 물론이다. 금식기도는 우리의 영혼을 깨끗게 할 뿐만 아니라 우리의 몸이 쉬고 세포와 장기들이 새로워지는 역할을 한다. 쌓인 노폐물, 독소들이 빠져나가는 시간이다.

금식 기간은 지금까지 혹사당하기만 해온 기관들이 휴식을 취하는 시간이다. 인스턴트 음식, 가미된 음식, 튀기고 구운 음식들을 이겨내고 미각이 새로워져서 청정 음식을 좋아하게 해

준다. 금식은 과잉 지방을 연소하고 만성피로 노화 작용을 막아 준다.

건강한 신앙생활과 육신의 건강을 위한 정기 금식을 대개 한 달에 하루나 삼 일 정도 한다면 우리 몸의 독소가 빠져나가 온몸이 새로워질 수 있다. 금식의 날이 정해지면 전날 저녁 6시 야채, 과일 그리고 가벼운 음식을 먹고 금식에 들어간다. 그 다음날 하루 종일 물만 마신다. 그리고 다시 저녁 6시가 되면 야채, 과일 그리고 동치미나 구운 감자 등 가벼운 식사로 금식을 마치게 된다. 한 달에 한 번 시행하는 하루 금식을 통해 영적, 정신적, 육체적 건강을 지켜갈 수 있다.

「건강은 내 인생에 대한 예의다」라는 제목으로 이어온 여섯 편의 글을 갈무리해야 할 시간이다. 여섯 편의 칼럼에서 제시해온 건강 원리나 5P의 원리는 내가 건강을 지키는 원리요 나의 루틴이다. 나는 MBTI 검사에서 소위 일 중독형, 정치 리더십 유형으로 일컬어지는 ESTJ 경영자 유형이다. 항상 분주한 나날을 보내며 사람과 일에 치여 살아간다. 만사에 책임을 혼자 지고 사는 사람처럼 헌신적인 하루하루를 살다보면 자칫 스트레스가 쌓이고 건강 잃기 십상인 체질이다.

사실 "건강은 내 인생에 대한 예의다"라는 외침은 어쩌면 내가 나 자신에게 하는 절규인지도 모르겠다. 송과체가 발달되어 새벽에 울어대는 닭 한 마리처럼 나는 한평생, 이른 새벽 눈을 뜨며 하루 일과를 시작해왔다. 일 년의 절반은 아침 회의나 연구 모임이 있고 모임이 없는 날이면 아침 식사 전 두세 시간 정도 나만의 행복한 시간을 갖는다. 이때부터 기도, 운동, 물 마시기, 야채 과일부터 시작된 건강한 식사로 이어지는, 건강을 위한 루틴의 일상이 펼쳐진다.

건강은 나를 주의 종으로 부르신 주인 되신 하나님에 대한 예의다. 건강은 나를 믿고 나를 의지하고 나를 사랑하는 내 주변 사람들에 대한 예의다. 그래서 건강은 내 인생에 대한 예의다.

가장 큰 선물

"하나님이 세상을 이처럼 사랑하사 독생자를 주셨다." 이 얼마나 감격스러운 사건인가? 왜 하나님은 나를 이처럼 사랑하는 것일까? 태양계 속에서 사실 지구는 그렇게 큰 별이 아니다. 태양은 지구보다 109배나 더 크다. 은하계 안에서 태양계는 하늘의 점 하나만도 못하다. 하늘의 별, 바다의 모래알이란 말을 함께 사용하지만, 과학자들의 말을 빌리면 하늘의 별이 바다의 모래알보다 적지 않다고 한다. 놀라운 사실은 하늘엔 지구보다 100만 배 이상 더 큰 베델게우스, 안타레스 같은 별들이 무수히 많단다.

그런데 하나님은 은하계에 널려 있는 그 크고 아름다운 별들을 사랑한 것이 아니고 왜 나를 이토록 사랑하시는 것일까? 이 우주 속에서 지구촌 하나가 없어진다고 우주에 큰일이라도 나는 것일까? 내게 하나님의 사랑을 받을만한 그 무엇이 있을까? 하나님은 나를 사랑하지 않으면 안 되는 무슨 이유, 의무라도 있단 말인가? 80억 인구 중 지극히 작은 나를 사랑하시어 독생자를 보내주셨다.

성탄절이 되면 사람들은 선물을 주고받는다. 성탄절은 하나님께서 최고의 선물 독생자를 보내 주신 날이기 때문이다. 예수님은 인류가 받은 가장 아름다운 선물이다. 이 우주가 생긴 이래 가장 큰 축복의 날은 하나님의 외아들이 이 땅에 태어난 날이다. 이날은 역사의 신기원이요, BC와 AD의 분수령이다. 역사는 예수님 이전 BC와 예수님 이후 AD로 나누어진다. 그분은 우주의 주인이시요 역사의 주인이시기 때문이다. 그래서 금년은 2024년, 예수님이 우리에게 오신 지 2024년이 되는 해라는 의미이다.

지금 거리엔 성탄절의 기쁨을 전하는 네온이 반짝인다. 백화점엔 찬란한 불빛이 있고 성탄 트리엔 선물들이 매달려 있다. 교회들도 성탄 트리를 세우고 거기 예쁜 선물들을 매달기도 한다. 그러나 성탄 트리엔 사과 같은 과일, 반짝이는 별, 빵을 걸어두는 게 기독교 전통이다. 여기 사과는 선악과를 의미한다. 에덴동산에서 우리의 조상 아담과 하와는 먹지 말라고 한 선악과를 먹으며 하나님의 말씀을 거역한 바람에 하나님의 동산에서 쫓겨났다. 이 선악과를 먹는 날에는 정녕 죽으리라는 말씀처럼 인류는 이미 죽은 존재가 되었다. 인간의 모든 죄를 담당하시고 나를 구원하기 위해 예수님이 나를 찾아오셨다.

첫 번째 성탄절 하늘의 별은 예수 오심을 전하는 복음의 별이었다. 성탄 트리에 달린 별은 예수 오신 소식을 전하는 복음의 별이다. 하나님이 세상을 이처럼 사랑하사 독생자를 주셨으니 누구든지 그를 믿고 영접하면 구원을 받는다. 누구든지 생명의 빵이신 예수님을 먹으면 구원을 받는다. 그래서 성탄 트리엔 빵이 달려 있다.

이 얼마나 놀라운 사실인가? 이 얼마나 귀한 선물인가? 세상에서 가장 귀한 선물, 예수님이 오신 성탄 절기이다. 성탄 트리에 달린 사과, 별, 빵 한 조각이 우리를 울리는 기쁜 성탄절, 가장 귀한 선물이 내게 오신 성탄절이다. 메리 크리스마스!

새해가 되면 참 많이 듣는 인사, 많이도 하게 되는 인사가 "복 많이 받으세요" 하는 인사다.

복이란 인간이 가질 수 있는 최상의 상태를 말한다. 우리나라 사람들이 제일 좋아하는 단어가 '복(福)'이 아닌가 싶다. 내가 어릴 때 우리 집엔 이불에도, 국그릇 밥그릇에도, 베개 방석에도 복 복(福)자 무늬가 있었다. 어느 설날 아침 가정예배에서 어머니가 하시던 말씀이 생각난다.

"사람들이 복은 좋아하는데 복을 누가 주는지를 몰라. 복을 조상님이 주는 줄로 알고 사람들은 설날 아침이 되면 조상님들께 제사를 지내지. 조상님들이 복을 주는 것이라면 제사야 지내든 안 지내든 듬뿍 복을 주시겠지. 동구 밖 고목나무가 왜 속이 썩었는지 아느냐? 사람들이 찾아와 복을 달라고 하지. 줄 힘은 없지. 그래서 속이 상하고 썩어서 속 빈 고목나무가 되었단다. 복은 하나님만 주실 수 있는 거란다."

우리는 "복 많이 받으세요"라고 인사를 하지만 사실 복은 받는 게 아니다. 복이 은혜요 구원이요 사랑이라면 물론 받는 것이다. 그러나 시편의 주제인 복의 시 시편 1편에 의하면 복은 받고 가지는 소유 동사가 아니라 "복 있는 사람" 즉 존재 동사로 되어 있다. 오늘은 복 두 개를 받고 내일은 복 세 개를 받는 게 아니다. 복이란 열매가 복 나무에 매달려 있는 게 아니라 내 존재가 복덩어리, 복의 열매, 복의 존재가 되는 것이다. 그 때문에 하나님께서는 택한 백성늘에게 "너는 복이 될지라" 복의 근원이라고 선언하신다. 너는 복 있는 존재가 되었다고 말씀하신다.

시편 1편에서 복 있는 사람에 관한 재미있는 그림 한 장을 보여준다. 복 있는 사람은 "시냇가에 심은 나무와 같다"는 것이다.

심은 나무는 어쩌다 저절로 솟아난 잡초가 아니다. 길가에 버려진 나무가 아니다. 주인이 정원사를 통해 좋은 자리 찾아 심고 가꾼 나무이다. 그 자리는 시냇가이다. 건조하고 가문 날에도 늘 물이 가득 담겨 있는 시냇가이다. 우리 하나님 품에 심겨진 나무, 그 영양분을 하나님으로부터 공급받는 나무, 인생에 어려움이 있어도 하나님께 기도해 물을 공급받을 수 있는 나무이다.

시냇가에 심은 나무도 다른 나무들처럼 바람이 불면 바람을 맞고 겨울에 눈이 내리면 가지에 눈이 쌓이고 인생의 짐이 무거워 부러지고 쓰러질 수 있다.

복 있는 나무도 세상 사람들이 당하는 어려움, 두려움, 불경기 다 겪으며 사는 사람이다. 그러나 복 있는 사람은 그 시련을 극복하고 이길 수 있는 힘의 원천을 가진 믿음의 사람이다. 은혜 아니면 살아갈 수가 없는 사람이다. 새해 복 있는 사람이 되자!

'하나님 마음' 빵집

약 60여 년 전 밀가루 한 포대 구호물자를 받아서 만든 조그만 빵집을 세운 임영진이라는 젊은이가 있었다. 그는 자신의 빵집을 "하나님의 마음"이라고 이름 시있다. 빵 만드는 이 손이 하나님의 손이라면 어떻게 만들었을까? 내가 만든 빵을 먹는 그 입이 하나님의 입이라면 나는 어떻게 만들어 드릴까? 그는 60년 가까이 사는 동안 하나님의 마음을 간직하며 빵 만드는 것을 즐겼다.

이 빵집이 커져서 작년에는 파리바게뜨 매출을 뛰어넘더니, 뚜레쥬르보다 훨씬 더 이익이 많은 빵집이 되었다. 작년 말 매출이 1,937억, 영업이익이 478억이다. "빵지순례"란 말을 들어보았는가? 성지순례에서 따온 말이다. 연인들이 KTX 타고 바닷가를 가는 게 아니라 대전에 가서 이 빵을 먹고 이 빵을 사 오는 여행을 일컫는다.

이미 감을 잡았겠지만 빵집 "성심당" 이야기이다. "우리는 대전과 함께 성장한다. 우리는 종업원과 함께 성장한다. 우리는 이 땅의 사회적 약자들과 함께 성장한다." 바로 성심당의 목표이다. 성심당의 빵은 하루를 넘기지 않는다. 남은 빵은 저녁에 무조건 보육원이나 어르신 시설에 갖다준다. 요즘은 남는 빵이 없어 저녁에 직접 만들어 가져다 드린다고 한다. 내가 만든 빵에 성심, 거룩한 마음이란 이름을 주고 거룩한 하나님의 마음으로 꾸려가고 있는 것이다.

하나님께서는 인간을 창조하시고 인간에게 그 어떤 피조물에게도 주지 않은 권세를 주셨다. 말하는 권세이다. 좀 더 정확하게 말하면 이름을 짓는 권세이다. "아담이 각 생물을 부르는 것이 곧 그 이름이 되었더라"(창세기 2:19) 아담이 이름을 지어주는 대로 그들의 이름이 되고 운명이 되었다.

누에고치는 입에서 실을 풀어 자신의 집을 짓고 그 집 안에서 산다. 사람도 마찬가지이다. 자기 입으로 믿음의 실을 뿜어 믿음의 집을 짓고, 사랑의 언어를 토하여 사랑의 집을 짓고, 긍정적인 희망의 언어를 쏟아서 희망을 짓는 것이다. "네 입을 크게 열라. 내가 채우리라"(시 81:10) 집을 짓고 나면 거기에 은혜를 채우시는 분은 하나님이시다.

자신에게 절망이라는 이름을 붙여놓고 희망적인 삶을 사는 사람을 보았는가? 자신에게 더러움이라는 이름을 붙여놓고 정결한 삶을 사는 사람이 있을까? 자신에게 불평, 비난, 비하, 무시라는 이름을 붙여놓고 칭찬받으며 존경받으며 사는 사람은 어디에도 없다.

자기 자신에게 멋진 이름을 선사하라. 공동체, 가정, 교회, 내가 세운 기업, 직장, 나라에 헬조선이 아니라 멋진 이름을 건네라. 그대로 이루어지리라! 부디, 자기 자신에게 멋진 이름을 주기를.

세계적인 기업 CEO들이 생산성을 결정짓는 핵심 시간은 대부분 아침이라고, 구글의 수석 생산성 고문 로라 마틴(Laura Martin)은 자신 있게 말한다. 다윗이 사울을 피해 동굴에서 하나님께 드린 간절한 기도 가운데 "내가 새벽을 깨우리로다"(시 57:8)라는 유명한 말이 있다. '내가 새벽을 깨운다'라는 말은 무슨 뜻일까? 아침 해가 떠올라 세상을 깨우기 전에, 자신이 먼저 일어나 하나님을 만나러 나아간다는 뜻이다.

태양이 자신을 깨우기 전에 먼저 일어나, 잠든 태양을 깨우는 사람을 '새벽형 인간'이라 부른다고 일본의 이케다 지에는 그의 책 「새벽형 인간」에서 말한다. 평범한 사람들이 비범한 역사를 만들어가는 루틴을 살펴보면, 대개 새벽 4시쯤 일어나 자신만의 시간을 확보하고, 운명처럼 주어진 하루의 패러다임을 창조적으로 바꾸어가더라는 것이다. 남들보다 두세 시간 앞서 하루를 준비하는 사람은 자연히 자신감이 넘쳐 보이고, 여유 있는 모습이 드러날 수밖에 없다. 새벽은 누구의 방해도 받지 않는, 오롯이 자기 자신만의 시간이 될 수 있다.

은퇴하고 나니 '책임 없는 자유'라는 것이 나를 여유롭게 만든다. 그럼에도 나는 오늘도 어김없이 새벽 4시에 눈을 뜬다. 아니, 눈이 절로 떠진다. 내가 새벽 4시에 눈을 뜨는 습관은 언제부터인지도 모를 어린 시절, 부지런하신 내 할머니와 어머니에게서 배운 것이다. 아니, 어쩌면 내 핏속에 흐르는 DNA인 것 같다. 한겨울에도 할머니는 새벽 4시면 어김없이 일어나 동네 기운데 흐르는 작은 개울에 나가 얼음을 깨고 세수를 하셨다. 무언가 늘 하고 계셨다. 어머니도 새벽 4시면 어김없이 일어나 새벽기도를 가셨다. 어린 영모도 할머니와 어머니를 따라 새벽 4시에 일어났다. 겨울이면 설해목(雪害木)을 줍고, 가을이면 온 동네를 다니며 떨어진 감 홍시를 주워 날랐다. 여름이면 논에 물꼬를 돌보고 텃밭을 돌본 뒤 들어와 책상에 앉아 책을 읽고 공부를 했다.

새벽에 일어난다고 해서 반드시 거창한 계획을 세우고 엄청난 일을 해야 하는 건 아니다. 새벽기도, 성경 읽기, 경건의 시간, 자기 계발을 위한 공부, 운동, 글쓰기, 깊은 묵상과 멍때리기, 식구들 일어나기 전에 창문 열고 공기 바꾸기, 따뜻한 물 한 잔 마시기, 새벽 모임 참여, 설교 디자인, 책 읽기, 세상 돌아가는 일들 배우기 등등. 그날그날 마음이 움직이는 대로, 새벽 두 시간을 활용하면 된다.

새벽형 인간으로서 내가 아침을 통해 얻는 복이 있다. 오늘도 호흡을 주신 하나님께 감사하며, 내 머리와 가슴, 온몸을 감사로 가득 채우는 일이다. 그렇게 감사를 헤아리는 순간, 내 몸에는 세로토닌과 도파민이라는 호르몬이 흐르기 시작한다. 그러는 순간, 내 핏속에는 긍정의 마음이 춤을 추듯 흐르게 된다.

오늘 하루에 해야 할 일 중 '긴급하고 중요한' 일을 우선순위에 두고, '긴급하지도 중요하지도 않은' 일은 수첩과 머릿속에서 과감히 지운다. 내게 요구되는 수많은 일들 가운데, 내가 받은 비전과 사명에 부합하는 일에는 먼저 시간을 배정하고, 아무리 강한 요청이 와도 내 비전과 사명 밖의 일이라면 공손히 거절하고 사양하기로 한다.

어느덧 아침 일과를 마치고 시계를 보면, 아침 6시 혹은 7시를 가리키고 있다. 나는 외친다.

"야호! 오늘도 행복한 날!"

그리고 노래 한 소절을 흥얼거리며 말한다.

"여보, 밥 먹자!"

언젠가 하와이 한인교회 초청으로 부흥회를 인도하기 위해 아내와 딸과 함께 하와이에 간 적이 있다. 늘 그렇듯이 나는 '호콕', 즉 호텔에 콕 틀어박혀 기도하고 설교를 준비하며, 가져간 책을 읽고 있었다. 교회에서 하와이 바닷가의 좋은 호텔을 잡아 주어 창문을 열면 파도를 타는 사람들, 수영을 즐기는 사람들, 바닷가를 거니는 연인들까지, 그야말로 볼거리가 가득했다.

그러나 아내와 딸이 하와이까지 따라온 데는 이유가 있었다. 내가 머무는 내내, 그들은 매일 비행기를 타고 하와이의 다른 섬으로 여행을 다녔다. 그때마다 율법은 나를 "자연을 즐길 줄 모르는 꽁생원"이라며 놀렸다. 그리고 아내와 딸에게 율법은 "남편, 아빠를 닮아 경건한 삶에 관심을 가져야 한다"고 비판했다. 그러나 은혜는 내게 "어디서나 성경 속 하나님의 임재를 기뻐하는 꽤 괜찮은 목사"라고 격려했다. 또 아내와 딸에게 은혜는 "하나님이 만드신 세계와 자연을 누릴 줄 아는 멋진 사람들"

이라며 칭찬했다.

그다음 해였던가 이번에는 괌 한인교회 초청으로 부흥회를 인도하게 되었다. 여느 때처럼 나는 호콕하며 말씀 준비에만 몰두했고, 아내와 딸은 괌 여행에 신이 나 있었다. 마침 비행기 스케줄상 집회가 끝나고 하루의 여유가 있었다. 괌 한인교회 목사님이 "이번엔 괌까지 오셨으니 꼭 한 곳이라도 여행하자"고 거듭 권했다.

결국 우리 일행은 '요코이 동굴'로 향했다. 차로 산 아래에 도착한 우리는 걸어 올라가 언덕을 넘고, 가파른 계곡을 내려가는 엘리베이터를 타고, 작은 산중 연못 곁의 요코이 동굴에 닿았다. 태평양 전쟁 당시 요코이 부대는 괌에서 미군과 치열한 전투를 벌였다. 전 부대가 궤멸당하고 요코이와 다른 두 명만이 깊은 밀림 속으로 숨어 목숨을 건졌다. 전쟁이 끝나고 일본이 무조건 항복했음에도, 요코이는 무려 28년 동안 땅굴에 숨어 풀을 뜯고, 나무껍질을 벗겨 먹고, 쥐와 개구리, 물고기를 잡아먹으며 살았다. 1972년, 그는 괌의 한 사냥꾼에게 발견되었다. 아무도 그에게 전쟁이 끝났다는 사실을 알려주지 않았던 것이다.

요코이는 아무 공적이 없음에도, 일본군 이름으로 28년을 버텼다는 이유 하나로 일본에서 영웅 대접을 받았다. 그는 1997

년, 82세의 나이로 세상을 떠났다.

동굴 끝자락에는 작은 집이 있었고, 그곳에서 커피와 라면을 파는 이는 한인 교포 그리스도인이었다. 나는 그 집사님 가족에게 "전쟁은 끝났다"는 제목으로, 율법과 은혜의 싸움, 예수와 마귀의 싸움, 천국과 지옥의 싸움에서 이미 승리가 선언되었음을 알리는 전도지를 만들어 이곳을 찾는 사람들에게 나누면 좋겠다고 제안했다. 영적 전쟁에서 승리하신 예수님의 승리를 전하는 것이 곧 전도이기 때문이다. 한국으로 돌아온 나는 즉시 전도지를 제작해 집사님께 보내드렸다.

그때 깨달았다. 교회에서 설교만 하고 호콕하며 기도하는 것만이 경건이 아니었다. 산을 오르고, 관광지를 돌아보는 것도 경건이자 선교가 될 수 있다는 것을, 요코이 동굴이 내게 가르쳐주었다. 산과 바다를 사랑하는 아내와 딸은 속물이 아니라, 하나님을 찾아가는 순례자라는 사실을 일깨워준 요코이 동굴에 감사드린다.

내게 요구되는 수많은 일들 가운데,
내가 받은 비전과 사명에 부합하는 일에는
먼저 시간을 배정하고,
아무리 강한 요청이 와도 내 비전과 사명 밖의 일이라면
공손히 거절하고 사양하기로 한다.
어느덧 아침 일과를 마치고 시계를 보면,
아침 6시 혹은 7시를 가리키고 있다.
나는 외친다.

"야호! 오늘도 행복한 날!"
그리고 노래 한 소절을 흥얼거리며 말한다.

"여보, 밥 먹자!"

5장

한국교회를 향한 희망의 이야기

다시, 한국교회를 꿈꾸다

우리의 궁극적 알고리즘은 무엇일까?

매해 이때쯤이면 교회마다 「정책당회」라는 이름으로 일 년을 계획하는 당회가 열린다. 정책이란 말은 정부나 정치단체, 혹은 개인이 정치 사회적 문제를 해결하기 위해 세우는 계획이나 전략을 의미한다. 누가 제일 먼저 사용했는지도 모른 채 교회의 연말 당회를 정책당회라는 잘못된 말로 너도나도 사용하고 있다. 교회는 정책을 세우는 곳이 아니다. 그래서 한소망교회에서는 정책당회라는 말대신 「신년 목회기획당회」라 부르기로 했다.

문명사적 대전환기, 전방위적 위기시대, 축소 시대, 탈종교 시대, 교인 절벽 감소 시대 등등 우리를 두렵게 하는 단어들이 난무하는 2025년, 한국교회 목회는 어떻게 변해갈까? 선교 140주년의 해 2025년 한국교회는 어디로 가야 할까? 아마존의 창설자 제프 베조스는 말했다.

"사람들은 10년, 20년 후 세상이 어떻게 변할 것인가에 많은 관심을 가지지만 더 중요한 것은 10년, 20년 후가 되어도 변하지 않는 본질이 무엇인가 하는 것이다."

특별히 영적인 세계, 목회의 길에서 변하지 않는 본질이 무엇일까? 유일한 복음, 즉 우리의 구원은 오직 예수 그리스도 한 분이시다. 세상이 길을 잃어버릴 때마다 우리는 하나님의 말씀인 성경으로 돌아가야 한다. 오늘도 살아계셔서 우리 가운데 임재하시는 성령의 능력으로 돌아가는 것이다. 성령의 능력으로 부흥하는 교회. 이것이 2025년 우리 교단의 주제이다.

지난 10월 중순 기독교 미래학자 레너드 스위트(Leonard Sweet) 교수가 한국교회를 찾아와 <인공지능 시대의 신앙>이라는 강연을 했다. 그는 먼저 세상은 눈이 돌아갈 만큼 빠르게 변하는데 교회는 멈추어 서 있고 잠들어 있다고 경고한다. 세상은 지금 우리를 삼킬 듯이 불타오르고 있다고 디지털 인공지능 시대를 해석하고 있다. 이때 교회는 어떻게 승리할 수 있는가? 불은 불로 싸우듯이 말씀의 맞불을 지르라고 말한다. 교회 성도들 안에서 말씀이 눈에 보이고 손으로 만져지고 내 안에서 살아 숨쉬게 할 수 있는 세상이 오고 있다는 것이다. 목회자들은 신학교에서 배운 비평학으로 비판의식을 갖기 전 우리 안에서 살아 숨쉬는 그 말씀으로 기뻐 춤추며 송축하고 찬미하는 법을 배우라고 한다. 머리카락 하나에도 DNA 전부가 담겨있듯이 작은 성경 한 구절 속에서도 하나님을 만나고 하나님을 호흡하고 작은 예수로 살아갈 능력이 있다고 역설했다.

우리가 하나님의 임재 안에 젖어 있을 때 우리는 하나님이 되는 것이 아니라 인간다운 인간이 되는 것이다. 인공지능 시대는 하나님과 멀어지는 시대가 아니라 하나님과 더욱 가까워질 수 있는 시대요, 임마누엘, "하나님께서 우리와 함께하신다"는 선포처럼 하나님을 보고 느끼고 만지는 세상이 될 수 있다며 긍정적인 눈으로 세상을 보고 있다. 스위트 교수는 흥미로운 말로 그의 주장을 맺었다. "우리 주 예수 그리스도야말로 궁극적 알고리즘"이라는 것이다!

찬 바람이 불고 단풍이 떨어지는 11월이 되면 교회마다 추수감사절 준비, 신년 목회 기획 당회를 준비하느라 발길들이 바빠진디. 2025년은 우리가 희망을 설계해두 좋은가, 아니면 가느다란 지금의 희망마저 끊어지는 것은 아닌가, 저마다 새해의 트렌드를 예견한다.

2025년은 언더우드와 아펜젤러 선교사가 인천 제물포항에 첫발을 내디딘 한국선교 140주년을 맞는 역사적인 해이다. 사회적으로는 65세 이상 시니어 인구가 20%를 넘어서는 1천만 시니어시대 초고령 사회로 진입하는 해이기도 하다.

한국 사회는 저출산 고령화가 가속화되며 수축 사회-축소 시대가 되었다. 수축 사회는 파이는 작아지고 뜯어먹을 사람은 많아져 오징어 게임이 계속되는 사회이다.

수축 사회가 낳은 또 다른 이름이 갈등 사회이다. 보수와 진보, 정규직과 비정규직, 노사, 빈부, 대기업과 중소기업, 지역,

세대, 다문화, 젠더 등 갈등 아닌 것이 없는 전방위적 갈등 시대를 맞이하고 있다.

오늘 우리 시대 축소와 갈등의 문제는 교회라고 예외일 수 없다. 급속한 탈종교화와 가나안 교인의 급증으로 인한 교회의 축소화 현상은 예측이 아니라 이미 정해진 길이 되었다. 이런 전방위적 위기 시대 교회는 과연 희망을 설계할 수 있을까?

한국 사회와 교회는 앞다투어 2025년 트렌드를 예측하고 있다. 오래전부터 이때쯤이면 새해 트렌드 예측서를 내놓은 김난도 교수는 금년에도 「트렌드 코리아 2025」를 내놓았다.

이 책은 2025년을 두고 뱀같은 지혜, 뱀같은 민첩한 센스로 준비하지 않으면 기회를 잡지 못할 것이라고 한다. 마치 성경이 뱀처럼 지혜로워라 선포한 것과 같다. 언제나 트렌드 코리아는 10가지 가운데 첫 번째가 키워드인데 금년엔 잡식성(雜食性)을 의미하는 옴니보어(Omnivores)를 붙들었다. 즉, 모든 세대에 주목하는 타깃의 다양화이다. 다음 세대, 3040세대, 시니어 세대 어느 한 세대도 놓쳐서는 안된다는 것이다.

3년 전부터 「한국교회 트렌드」 예측서를 발간하던 '목회데이터연구소' 지용근 대표는 금년에도 「한국교회 트렌드 2025」를 출간했다.

작년 표제어는 '전문지호 후문지랑'(前門之虎 後門之狼) 즉 한 해의 뒷문을 갈무리하지 못해 아직도 늑대가 덤벼들고 있는데 새해 벽두에 호랑이가 입을 벌리고 앞문을 막고 있다는 것이다.

금년 2025 책 표제어는 '아무리 힘들어도 살길은 있다', 애써 가녀린 희망을 얘기해 준다. 이 책에서도 트렌드 코리아의 옴니보어처럼 멀티제너레이션을 말하고 있는데, 다음과 같다.

1. <u>유튜브를 통한 전도와 메시지</u> – 유반젤리즘

   구독 10만을 넘어선 실버 유튜버들이 3만이 넘어 1인 방송 3만 시대가 되었다.

   AI, 유튜브가 복음전도의 새 툴이 되고 있다.

2. <u>정신건강에 대한 교회의 깊은 관심</u> – 멘털 케어 커뮤니티

   즉 교회가 치유공동체가 되어야 할 시대이다.

3. <u>평신도를 사역 중심에</u> – 포텐셜 레이어티

   평신도가 살아야 교회가 산다.

4. <u>신앙 알곡과 가라지가 갈라지는 신앙 양극화</u> – 오소프락시

   그렇다. 아무리 힘들어도 되는 놈은 된다. 알곡은 신앙이 더 좋아지고 건강한 교회는 더 부흥한다.

5. 가족 종교화 – 패밀리 크리스천

   팬데믹 이후 교회학교에서 부모 없이 혼자 나오던 어린이들
   이 사라졌다.

6. 20대 Z세대가 일어나고 있다 – 스피리추얼 Z세대

7. 싱글목회를 소홀히 여기지 마라 – 싱글 프렌들리 처치

8. 부흥의 세대 1천만 – 시니어 미니스트리

9. 교회의 세속화 – 솔트리스 처치

10. 한국 땅에 들어온 다문화 가족을 선교자산화 하라 – 미션 비
    욘드 트래디션

   표제어로 실낱같은 희망, "아무리 힘들어도 살길은 있다"를
붙든 만큼 새해 한국교회가 나아갈 희망의 길들을 제시하고 있
다는 사실이 고맙기도 하고 한편 희망적이기도 하다.

   2025년 한국교회 목회 설계를 하면서 우리는 무엇을 붙들
어야 하며 어디에 악센트를 두어야 할까? 새해가 되었다고 특별
한 명약이나 만능해법이 있는 것이 아니다. 오래전 우리 주님이
만들어 놓으신 그 본질을 더욱 꽉 붙들고 더욱 빛나게 해야 한

다. 말씀과 기도, 예배와 찬양, 공동체와 소그룹, 섬김과 양육, 오직 예수 그리스도의 구원과 성령의 임재, 머리카락 하나에도 DNA가 있듯이 모든 자리에 하나님이 살아 숨쉬게 하는 것이다.

한 영혼을 구원하고 한 생명을 변화시킬 수만 있다면 우리는 모든 것을 걸어야 한다. 성경이 소중히 여기는 그 목회를 위기시대엔 조금 더 본질적으로, 조금 더 잘, 조금 더 진실하게 감당하는 것이다.

무동력 요트로 200일 이상의 여행으로 세계 바다를 돌고 온 김승진 선장의 말에 주목하고 싶다. "바다엔 언제나 바람이 있었고 어두운 밤이 찾아왔다. 그러나 어둔 밤이 지나면 반드시 반드시 아침은 밝아왔다."

아령 이야기

우리 집은 네 개의 공간으로 나뉘어 있다. 잠과 쉼을 위한 침실, 공부하고 기도하며 글을 쓰는 공부방, 함께 밥을 먹고 커피를 마시는 식당 겸 거실, 그리고 피트니스처럼 꾸며 놓은 운동방이다.

운동기구는 몇 개 되지 않지만, 나는 그것들을 무척 좋아한다. 매일 한 번씩은 꼭 운동기구를 가까이하려고 애를 쓴다. 그중에서도 하루에 한 번은 반드시 사용하는 기구가 바로 아령이다. 내가 사용하는 아령은 9kg짜리로, 한 번 잡으면 좌우를 합쳐 약 150회쯤 들게 된다.

요즘은 마음만 먹으면 집집마다 아령 하나쯤은 두고 사용할 수 있다. 아령은 인류 역사상 가장 오래된 운동기구 중 하나로, 고대 그리스와 로마 시대에도 근력과 체력을 기르기 위해 사용되었다. 그러나 오늘날 우리가 사용하는 덤벨(dumbbell), 즉 손잡이 양쪽에 추가 달린 형태의 아령은 18세기 초 영국 귀족들에 의해 처음 사용된 것으로 알려져 있다.

영국 귀족들은 당시 성당 등에서 흔히 쓰이던 종을 작은 손잡이 양쪽에 매달아 운동을 했다. 들었다 놓을 때마다 '달그랑 달그랑' 요란한 소리가 났다. 그래서 나중에는 소리를 없애기 위해 종 안의 추를 떼어냈고, 그렇게 만들어진 것이 지금의 '아령'이다. 소리가 나지 않으니 조용히 운동하기에 안성맞춤이었다. 영어로 아령을 뜻하는 '덤벨(dumbbell)'은 'dumb(벙어리)'와 'bell(종)'이 합쳐진 말로, 문자 그대로 '소리 나지 않는 종'을 뜻한다.

나는 언젠가부터 심각해진 사회의 갈등 상황을 '아령사회'라는 용어로 표현하곤 한다. 사회란 중심 가치를 이끄는 큰 흐름이 있고, 좌우 양극단의 소수 의견들이 존재하는 것이 자연스럽다. 이러한 소수 의견들도 중심 세력과 소통되고 통합되어야 건강한 사회가 된다. 그러나 요즘은 중심 가치가 작아지고, 양극단의 목소리만 지나치게 커졌다.

우리 사회는 계엄, 탄핵, 대선을 거치며 이제는 아령의 양쪽 추만 남은 듯한 극단의 '아령사회'가 되었다. 최근 한국보건사회연구원의 조사에 따르면, 진보와 보수 간 이념 갈등이 '매우 심각' 또는 '심각'하다고 응답한 비율이 무려 90%를 넘는다. 이념

이 다르면 결혼하지 않겠다는 응답이 58%, 술자리도 함께하지 않겠다는 응답이 34%에 이르렀다.

영국 귀족들은 운동을 위해 종의 추를 떼어냈지만, 우리는 다시 그 추를 매단 듯하다. 그리고 이제는 달그랑거리는 소리가 너무도 시끄럽다. 중심 세력은 작아졌고, 강성 진보와 강성 보수의 목소리만 크게 울리는 이 '아령사회'는 분명히 비정상적인, 병든 사회이다. 이러다가는 손잡이마저 부러질까 두렵다.

지금이야말로 우리 교단이 추구하는 "중심에 서는 신학"이 분명한 목소리를 내야 할 때다. 그 중심의 가치와 세력이 다시 커져야 우리 사회도, 대선 정국도 건강한 방향으로 나아갈 수 있을 것이다.

닭이 성경을 이해한다면 "온유한 새는 복이 있나니 그들이 땅을 기업으로 받을 것임이요"라는 축복을 받을 만하다. '국제 조류 데이터베이스'의 보고에 의하면 9,700종, 최근 어떤 자료에 의하면 13,000종의 새가 있다고 한다. 우리나라에는 어디서나 참새, 산새, 까치, 까마귀, 비둘기, 직박구리 정도를 볼 수 있다.

조류학자들에 의하면 전 세계 13,000종의 새를 다 모으면 약 25억 마리 정도 되리라고 추정된다. 새 중에서도 땅을 기업으로 받은 닭은 몇 마리나 될까? 자그마치 272억 마리에 이른다고 한다. 이는 전 세계 80억 인구보다 서너 배가 더 많고, 전 세계의 새 25억 마리보다 10배나 더 많은 숫자이다.

오래전 고대부터 동남아 밀림이나 숲속에 살던 꿩과의 적색 야계(Red Junglefowl)가 있다. 1.5kg 정도의 수놈은 아주 잘생겼다. 길고 화려한 꼬리, 붉은 볏, 다양한 빛을 띤 목털 등 잘생긴 꿩을 연상하게 한다. 이에 비해 암놈은 1kg 정도 되고 아주 수수하게 생겼다. 이놈들이 농사 후 수확물을 걷고 나면 이삭을 주워 먹기 위해 농가로 내려오곤 했다. 적색 야계는 인간 친화적이어서 사람을 크게 두려워하지도 않고 공격하지도 않았다. 언젠가부터 사람들은 이 적색 야계에게 모이를 주고 잠자리, 쉼터, 놀이터를 제공하며 가축화하기 시작했다. 가축화된 적색 야계는 지금의 닭이 되어 어렵지 않게 지구촌으로 번져가 전 세계인의 단백질 공급원이 되었다.

뭔가 모자라 실수가 잦은 사람을 '닭대가리'라고 욕하지만, 실은 닭을 잘 몰라서 하는 소리다. 모든 동물 가운데 송과체가 가장 발달한 게 바로 그 닭 대가리이다. 오래전부터 정글, 밀림, 숲을 깨우는 것이 적색 야계였고, 가축이 된 다음에도 농촌 마을을 깨우는 새벽의 알람은 닭 울음소리였다. 어두운 새벽 바다 끝에서 작은 햇빛이 비춰오면 그 작은 빛을 제일 먼저 느끼는 게 송과체이다. 그 빛을 제일 먼저 느낀 닭이 "꼬끼오, 꼬끼오!" 지구촌을 깨우는 것이다. 50년 이상 어김없이 새벽 4시에 잠을 깨고 눈을 뜨는 나는 닭대가리(?)보다 송과체가 더 발달되어 그런가 보다.

가축화된 닭은 세계인의 식량, 단백질 공급원이 된 게 맞다. 우리 5천만 국민은 평균 하루 1개 이상의 계란을 먹는다. 연간 계란 소비량은 1,700억 개가 훨씬 넘는다. 국내 식음료 자영업 중 가장 많은 게 치킨집, 닭요리집이다. 치킨집이 6만 5천 개가 된다고 하니, 편의점 5만 5천 개보다도 많은 셈이다. 한식에서만도 닭 요리는 얼마나 다양하게 발달되었는가? 치킨 요리도 종류가 많고, 삼계탕, 닭볶음에 이르기까지 그 수를 다 헤아리기 어렵다. '계륵(鷄肋)'이란 말이 있지만, 춘천 닭갈비는 춘천시에서만도 연 2,000억 원의 경제적 효과를 낸다. 춘천시의 가장 큰 축제 중 하나가 '춘천 닭갈비 축제'이다. 닭갈비 식당 골목에서 내가 아는 집사님 한 분은 연 35억 원의 매출을 올린단다.

요즘 세상을 보고 있노라면, 세상의 마지막 날이 그리 멀지 않았구나 싶다. 1947년 만들어진 인류 종말의 시계(Doomsday Clock)는 2025년 현재 23시 58분 31초, 자정 89초 전을 가리키고 있다. 너를 밟고 내가 일어서는 '오징어 게임'을 정치 마당, 생존 경쟁 대열 곳곳에서 보고 느끼며 우리는 살고 있다.

바로 이런 때에 우리는 닭으로부터 인생을 배운다. 빼앗아야 사는 세상에서 닭은 살코기, 알, 닭발, 닭똥집까지 다 주고도 당당히 지구촌 조류계를 정복했다. 우리 기독교는 역설의 종교이다. 살고자 하면 죽고, 얻고자 하면 주고, 높아지고자 하면 낮

아저야 한다.

온유한 닭은 복이 있나니, 땅을 얻을 것이다.

온유한 닭은 복이 있나니, 땅을 얻을 것이다.

"역사는 오늘 내가 서 있는 자리요, 내일 나의 모습입니다." 한소망교회 역사관 입구에 적힌 문구이다. 이 말은 역사를 기억하는 일이 단순한 과거 회상이 아니라 우리의 현재와 미래를 밝히는 신앙 고백임을 상기시킨다. 이 정신을 따라 2022년 제106회 총회를 앞두고 개관했던 역사관을 새롭게 리모델링하여 '디지털 역사 박물관'으로 문을 열게 되었다.

이번 역사관은 단순한 전시를 넘어, 살아 움직이는 공간이 되었다. 곳곳에 설치된 터치 스크린은 정적인 사진을 넘어서 생생한 영상과 음성으로 관람객을 안내한다. 전시되어 있는 실물보다 더 많은 이야기들이 스크린 속에 담겨 있으며, 방문객은 손끝으로 시간을 넘기며 교회의 발자취를 따라갈 수 있다. 특히 디지털 기술을 활용한 AI 다국어 설교 콘텐츠는 혁신적이다. 12개국 언어로 필자의 설교를 들을 수 있는데, 놀랍게도 목소리뿐 아니라 입모양까지 해당 언어에 맞추어 움직인다. "외국어 공부하

느라 고생했는데, 이제 우리 목사님이 직접 알려주시네"라는 말
이 절로 나올 정도다.

또한 VR(가상현실, Virtual Reality) 투어도 지원되어 역사관
의 내용을 가상현실 속에서 직접 체험할 수 있다. 장소의 제약
없이 언제든 교회의 여정을 따라갈 수 있다는 점에서, 이 박물관
은 온라인 시대의 선교적 모델이기도 하다.

그러나 한소망 디지털 역사 박물관의 진정한 가치는, 디지
털 장비만이 아니라 손으로 만질 수 있는 유산에도 있다. 한국교
회 최초로 도입했던 극장식 의자, 디지털 큐브를 구성했던 초기
TV들, 마두동 성전 십자가, 90년대 주보와 전단지 등은 그 시절
교회가 품었던 열정과 헌신을 고스란히 전해준다. 이 유산들 위
로 겹쳐진 디지털 기술은 과거를 박제하지 않고, 오히려 살아 숨
쉬게 만든다.

역사관은 총 2관이고, 그 중 1관은 다양한 공간으로 구성되
어 있다. 첫 부분은 역사관의 시작으로, 신앙의 자긍심과 소명감
을 북돋는 글귀로 관람객을 맞는다. 두 번째 부분은 초대교회에
서부터 한소망교회까지 복음이 어떻게 흘러왔는지를 세계교회
사와 함께 풀어낸다. 그 다음은 한소망의 개척 이야기, 그리고
그 옆은 마두동 성전에서 비전채플로 이어지는 성전 건축의 여

정을 보여준다. 그 다음은 '두 날개로 비상하는 교회'라는 사명, 그리고 목장교회(소그룹) 정신이라는 우리 목회의 핵심 가치를 소개한다.

또한 주목할 만한 전시는 한소망교회의 핵심 양육 시스템인 '비전의 사다리'를 조명한 공간이다. 영적 성장의 단계들을 따라 세심하게 설계된 양육의 흐름은, 단순한 교육을 넘어 삶의 변화를 추구하는 한소망교회의 목회 철학을 보여준다. 여기에 너해, 필자의 지난 방송 사역과 유튜브 활동을 모은 별도의 스크린 존이 마련되어 있어, 미디어를 통해 펼쳐온 사역의 발자취를 한눈에 살펴볼 수 있다.

시선을 2관으로 돌려보자.

"복음으로 교회를 새롭게, 세상을 이롭게."

한소망 디지털 역사 박물관 2관의 입구에 들어서면, 이 문구가 방문객을 가장 먼저 맞이한다. 2관의 전체 주제는 '꺾이지 않는 사명'으로, 총회장 시절 필자가 붙들었던 신앙적 고백과 목회 철학을 중심에 두고 구성되었다.

2관 한쪽 벽면은 "복음으로" "교회를 새롭게" "세상을 이롭게"의 세 영역으로 나뉜다. 각각은 제106회기 총회의 주제이자, 총회장 이후 펼쳐진 사역의 방향을 상징한다.

첫 번째 "복음으로" 구역은 "10년, 100년 후에 세상이 어떻게 변할지를 묻기보다, 그때도 변하지 않을 신앙의 본질이 무엇인지를 붙든다"는 고백 아래, "오직 복음! 오직 예수! 오직 하나님의 나라!"라는 핵심 문구로 구성되어 있다. 이 구역에는 릭 워렌 목사 초청 집회 당시, 필자가 10만 명 앞에서 비전 선포를 했던 장면이 스크린에서 영상으로 상영되고 있다. 당시의 선포는 단순한 목회자의 외침이 아니라, 한국교회를 향한 하나님의 비전을 온 회중 앞에 선언한 상징적 순간이었다.

두 번째 "교회를 새롭게!" 구역은 "한국교회의 뿌리를 복원하다"라는 주제 아래, 근대 기독교 문화유산과 한국 사회 속 기독교의 공적 역할을 조명한 사역이 담겨 있다. 당시 필자는 일간지 종교 담당 기자들을 초청해 문화유적지를 함께 탐방하며 기독교의 문화적 기여를 알렸다.

세 번째 "세상을 이롭게" 구역은 "우는 자들과 함께 울며 세상을 치유하다"와 "한국교회를 대표하여 사회와 소통하다"로 구성되어 있다. 울진·삼척 산불 당시 단순한 위로를 넘어, 피해 주민을 위한 실제적인 회복 사역으로서 사랑의 집짓기 운동에 앞장섰던 총회의 섬김, 그리고 정치권과의 책임 있는 대화를 통해 한국교회의 목소리를 사회에 전하고, 교계의 위상을 세웠던 순간들을 담은 기사들이 역사관 중앙의 지그재그형 조형물 벽면 한쪽에 동판으로 전시되어 있다. 반대쪽 면에는 한소망교회의 다양한 부서 활동과 사역 사진들이 가득 채워져 있어, 두 면이 각각 공적 사역과 공동체 사역을 입체적으로 보여준다.

중앙에는 프로젝터를 통한 영상이 상영되고 있다. 승계 예식과 원로목사 추대 예식 장면이 번갈아 재생되며, 그 중 승계 예식 영상은 20만 회 이상 유튜브 조회수를 기록한 바 있다. 필자가 엘리야를, 후임 목사인 최봉규 목사가 엘리사를 주제로 설교하고, 성찬식 중 분병과 분잔을 나누는 장면은 한국교회 목회 승계의 모범으로 회자되고 있다.

반대편에는 필자의 저서 50권과 번역서들, 총회장 시절 발간된 책들이 전시되어 있으며, 책 표지를 터치하면 요약 설명을 볼 수 있는 디지털 인터랙션 기능도 마련되어 있다. 이어 총회장 가운, 명예박사 가운, 그리고 필자가 수여받은 명패와 상패들이 전시되어 있고, 마지막 공간에는 제109회기 장로 부총회장으로 선출된 윤한진 장로의 기록이 자세히 소개된다. 한소망교회는 목사 총회장과 장로 부총회장을 모두 배출한 유일한 교회로서, 그 역사적 의의가 강조되어 있다.

'꺾이지 않는 사명'이라는 이름 아래 구성된 이 전시는 단지 한 목회자의 회고가 아니라, 하나님께서 한 교회와 함께 써 내려가신 시대적 신앙의 여정이며, 한국교회와 다음 세대를 위한 방향을 다시금 비추는 영적 자산이라 할 수 있다.

한소망 디지털 역사 박물관은 단지 과거를 기념하는 공간이 아니다. 이것은 한소망교회가 지금 어디에 서 있는지를 가르쳐주고, 어디로 나아가야 할지를 성찰하게 하는 영적 나침반이다. 디지털 기술과 함께 전통의 깊이를 담은 이 공간은, 다음 세대에게도 신앙의 유산을 창조적으로 계승하는 귀한 통로로 기능할 것이다.

조선시대 갓 이야기 그리고 한국교회

세인트헬레나섬에 유배되어 살던 나폴레옹은 가끔 당시 한국의 갓을 쓰고 멋을 내곤 했다. 그는 러시아와의 전쟁에서 대패하고 실각한 후 유배지에서 조선 선비의 그림 한 장을 보고 갓에 깊은 관심을 가졌다고 한다. 조선의 갓에 가장 먼저 깊은 관심을 가진 유럽인이 나폴레옹이었다.

삼국시대 이전에도 갓이 있었다고 전해지지만, 가장 오래된 역사적 흔적은 고구려 벽화에 등장하는 양반의 그림이다. 세계 어디에도 없는 갓 문화는 조선시대 계급사회를 통해 크게 발전하였다. 갓은 계급에 따라 모양, 크기, 재료, 장식이 달랐으며, 성공한 양반의 자랑이자 자존심이었다.

중인들이 쓰는 갓, 평민들이 쓰는 패랭이라는 갓이 따로 있었지만, 노비는 갓을 쓸 수 없었고, 특히 조선시대 가장 낮은 천민 계급인 백정은 갓을 쓸 수 없었다. 백정들은 평범한 복장도 갖출 수 없었고, 이름이 없어 호적조차 가질 수 없었다. 박씨 성을 가진 한 백정이 아들만큼은 자신처럼 살지 않기를 바라며 무어(Samuel F. Moore) 선교사 학당에 보냈다. 그는 아들을 교육시켰지만, 정작 자신은 기독교에 관심을 두지 않았다.

그러던 중 박씨가 중병에 걸려 고통 중에 있을 때, 무어 선교사와 당시 제중원 원장이자 왕실 주치의였던 에비슨(Oliver R. Avison)을 만나 놀라운 치료를 경험하게 된다. 그는 곧 예수를 믿고 무어가 사역하던 곤당골 교회의 교인이 되어 세례를 받았다.

이 일로 박씨는 선교사들로부터 '박성춘'이라는 이름을 받게 되었고, 곤당골 교회에 140명의 백정을 전도해 등록시키고 곤당골교회 첫 번째 장로로 피택되었다. 또한 무어와 에비슨의 노력으로 백정 신분이 철폐되고, 백정도 이름과 호적을 가지며 갓을 쓸 수 있게 되었다. 미국에 노예 해방이 있었다면, 한국에는 백정 해방이 있었다.

백정 출신들이 모두 갓을 쓰고 주일마다 교회로 몰려드는 장면은 기독교 역사의 큰 명장면이자 진풍경이었다. 박성춘 장로의 아들 박서양은 에비슨의 안내로 세브란스 의학교를 졸업하고 한국인 최초의 서양 병원 의사가 되어 교수가 되었으며, 그의 두 아들도 의사가 되었고 박서양은 독립운동가로도 크게 활동했다.

이처럼 자랑스러웠던 갓은 조선의 몰락과 함께 쇠퇴하게 된다. 1895년 단발령이 내려지며 상투를 자르고 머리를 자르는 일이 일어나고, 서양식 모자가 등장하게 된다. 일제강점기를 거치며 그 멋진 갓은 대부분 역사의 뒤안길로 사라졌다.

조선의 갓 이야기를 통해 나는 오늘의 한국교회를 떠올리게 된다. 내가 어릴 적 경남 거창군 남상면 전체에서 교인이라곤 청림동 주민 20여 명이 전부였다. 성경책을 손에 늘고 교회에 다닐 수 없어 비료 포대에 성경을 돌돌 말아 숨기고 다녔다. 그러던 시절을 지나, 기독교가 산업화를 이끌며 크게 부흥하면서 "나는 교회 다닌다"는 말을 자랑스럽게 할 수 있는 시대가 열렸다. 기독교인은 정직과 신용의 대명사가 되었고, 자랑스러운 이름이었다.

그러나 최근 탈종교화와 함께 교회는 사회의 신뢰를 잃었다. SNS에서는 '개독교'라는 말로 조롱당하고, 학교와 사회에서 기독교인은 소수자가 되었다. 기독교는 위선, 배타, 편협의 대명사처럼 여겨지고, 청년 이하 다음 세대의 그리스도인 비율은 10% 이하로 떨어졌다. 교회 다니는 것이 부끄러운 일이 되어가고 있다고 한다.

가장 가슴 아픈 장면은 젊은이들이 교회에서 목사 주례로 결혼하는 것을 꺼려하기 시작한 것이다. 선교사들의 피로 세워진 기독교 학교들이 교회를 자랑스럽게 여기지 않고 교단을 떠나고 있다. '시일야방성대곡'이 절로 떠오른다. 어쩌다 우리 교회가 조선의 갓처럼 몰락의 표상이 되어가고 있단 말인가?

주여, 한국교회는 무너질 수 없습니다. 다시 일어나게 하소서.

토인비의 메기 철학과 도도새의 멸망

지난 세기의 대표적인 역사학자 토인비(Arnold J. Toynbee)는 역사를 국가나 민족이 아닌 문명이라는 관점에서 이해했다. 그는 "도전과 응전"이라는 도식으로 문명사를 설명하며, 27년에 걸쳐 12권 분량의 저술로 이를 기록했다. 도전이 너무 약하면 문명은 나태에 빠져 발전하지 못하고, 반대로 도전이 너무 강하면 문명이 질식해 역사의 무대에서 사라진다. 문명이 위기에 빠질 때 역사가 기다리는 인물은 바로 창조적인 소수자다. 이들은 침체된 문명에 활력을 불어넣고 무너져가는 문명을 다시 일으킨다.

이 도전과 응전의 원리를 더 쉽게 설명하기 위해 토인비는 강연에서 자주 '메기 효과' '메기 철학'이라는 예화를 사용했다. 서구 기독교 사회가 정체될 때 공산주의가 역사 무대에 등장해 메기 역할을 톡톡히 했다고 말한다. 문명사뿐 아니라 경영학, 조직 관리, 자기계발, 교회 사역에서도 경쟁과 도전이 우리를 깨우는 중요한 역할을 할 수 있다는 의미다.

먼 바다에서 청어를 잡아오는 원양어선들이 10시간 넘게 걸려 육지에 도착하면 대부분의 청어는 성질이 급해 죽어 있었다고 한다. 그런데 한 회사의 청어는 팔팔하게 살아 있어 높은 값을 받았다고 한다. 비결은 청어 1000마리당 천적 메기를 한 마리씩 함께 넣어 운송한 데 있었다. 잡아먹히지 않기 위해 메기를 피해 이리저리 도망 다니며 긴장한 덕분에 죽을 틈이 없었던 것이다. 토인비는 이를 천적이 생명을 살리는 법칙으로 설명하며, 도전과 응전의 원리를 강조했다. 그는 적당한 긴장감이 우리의 영성, 정신, 건강까지 지켜준다고 말했다.

메기 효과와 함께 자주 언급되는 이야기가 바로 '도도새의 법칙'이다. 17세기 인도양의 섬에서 번성하던 도도새는 천적이 없자 땅 위의 벌레나 여린 풀을 먹으며 살았고, 나는 법을 잃어버렸다. 번식을 위해 알을 낳을 때도 조심할 필요가 없어 아무 데나 낳았다. 그러나 섬을 드나드는 배를 통해 쥐나 파충류가 들어오자, 이들이 도도새의 알을 먹고 도도새를 잡아먹으면서 순식간에 멸종하고 말았다.

예전에 호주를 방문했을 때, 해변의 갈매기들이 물고기를 잡지 않고 관광객이 던져주는 감자칩이나 과자, 빵 부스러기만 주워 먹는 바람에 날지 못하는 모습을 보았다.

올해는 한국 선교 140주년을 맞는 해다. 한국교회는 짧은 선교 역사 속에서 세계 선교 역사상 가장 빠르게 성장한 교회였다. 그러나 안타깝게도 가장 빠른 시간 안에 침체와 위기를 맞이한 교회가 되었다. 이 위기의 시대를 털고 일어설 한국교회의 도전, 즉 메기는 없는 것일까? 아니면 축소 시대, 탈종교 시대의 도전이 너무 거세어 질식하고 있는 것일까? 한국교회 목회자와 장로 중에 창조적인 소수자가 불같이 일어나기를 기도한다.

또한 도도새가 알을 아무렇게나 낳아 두었던 것처럼, 우리는 혹시 다음 세대 교육을 방관하고 있는 것은 아닌지 안타깝다. 단 한 명의 제자에게도 모든 것을 걸었던 예수님처럼, 오늘 한국교회는 교회 안의 단 한 명의 아이에게라도 목숨을 걸어야 할 때가 아닌가? 그들 중에서 한국교회를 다시 일으킬 창조적인 소수자가 나오기를 기다린다.

<h1 style="text-align:center">장로, 교회의 본이요 세상의 빛</h1>

구약과 신약, 그리고 교회사 속에서 '장로'란 신앙 공동체의 리더를 뜻한다. 2025년, 금년은 한국 선교 140주년을 맞이하는 해이다. 암울하기만 했던 이 땅에 기독교 복음이 전해지면서 교회와 학교, 병원이 세워졌다. 이 과정에서 자연스럽게 선교사들을 돕는 평신도 지도자로서의 장로 제도가 생겨났다. 특히 장로교회 안에서 장로직은 중요한 역할을 감당했다.

한국 기독교 선교 초기에는 나라를 빼앗기는 아픔과 숱한 고난, 치욕을 겪어야 했다. 그 시절 신앙은 애국과 떼려야 뗄 수 없는 동전의 양면으로 이해되었다. 특별계시로서 구원의 복음과 일반계시로서 나라 사랑은 모두 하나님의 일로 받아들여졌다.

한국교회 최초의 장로라고 하면 누구나 서상륜(徐相崙)을 떠올린다. 그는 14세에 부모를 잃고 할머니 손에 자라 결혼했지만, 만주와 의주를 오가며 인삼 장사를 하느라 가정을 지키지 못해 아내를 소박하게 되었다. 이 일로 인해 그는 권서인(전도지나 쪽복음을 팔거나 배부하며 복음을 전한 사람), 교회 설립자로서 왕성히 신앙 활동을 펼쳤으나, 장로나 목사로 임직 받기를 끝까지 사양하고 평신도로 살았다. 결국 한국 최초의 장로는 서상륜 대신 소래교회에서 장립한 그의 동생 서경조(徐景祚)가 되었고, 그는 1907년 한국 최초로 임직한 7명의 목사 중 한 사람으로 초기 한국교회를 섬겼다.

그 이후에도 여러 장로들이 있었지만, 초기 한국교회를 대표하는 인물로는 단연 길선주(吉善宙) 장로가 떠오른다. 그는 1896년 예수를 믿고 이듬해 세례를 받았으며, 1901년 장대현교회 장로로 임직되었다. 장대현교회 조사로 섬기며 1905년부터 새벽기도 운동을 이끌었고, 평양신학교 신학생이던 그는 새벽 설교를 도맡았다.

물론 1898년 황해도 강진교회에서도 새벽기도가 있었다는 기록이 있지만, 새벽기도를 정례화·제도화한 것은 아무래도 평양 장대현교회의 길선주 장로의 운동이라고 볼 수 있다. 이는 교회사가가 아닌 필자의 사견일 수 있지만, 의미 있는 주장이라고 생각한다.

그는 새벽기도 운동뿐 아니라, 남자석과 여자석을 가르던 교회당의 휘장을 걷어치운 사회 개혁가였으며, 목사로 임직된 뒤에는 1919년 3·1운동에서 33인 민족대표 중 한 사람으로서 독립운동에도 앞장섰다. 당시 장로나 목사가 된다는 것은 단지 교회 지도자가 되는 것이 아니라, 사회와 나라의 지도자로 부름 받았다는 의미였다.

일제강점기에 교회를 세우고 애국운동, 독립운동을 이끈 장로였던 남궁억(南宮檍) 선생과 이승훈(李昇薰) 선생을 기억해야 한다. 독립협회와 황성신문 창립자였던 남궁억 선생은 을사늑약과 경술국치를 목격한 뒤 관직을 내려놓고 홍천군 서면 모곡리로 들어가 무궁화 묘목 나누기 운동을 펼쳤다. 그가 지은 "삼천리 반도 금수강산" 찬송시는 또 하나의 애국가라 할 만하다. 그는 "내가 죽거든 둥근 무덤을 만들지 말고 내 시신을 나무 밑에 묻어 조국의 독립을 보게 하라"고 유언했다. 오늘의 4월 5일 식목일은 그의 별세일로, 우리 민족이 나무 한 그루를 심을 때에도 애국의 마음을 담았던 것이다.

"나라를 빼앗긴 자들이 자기 혼자 예수 믿고 천당 가는 게 기독교더냐!" 하고 호통치며 33인 민족대표로서 독립만세운동을 이끈 이승훈 장로도 결코 잊을 수 없다. 그는 전주 오산학교의 설립자이자 교장이었고, 오산교회 설립 장로이기도 했다.

이처럼 초기 한국교회의 장로들은 교회의 본이자 세상의 빛이었다. 그들은 주님 사랑과 나라 사랑을 따로 떼어 생각하지 않았다. 순교는 곧 순국이었고, 순국은 곧 순교였다.

나는 믿는다. 일제강점기의 위기 속에서도 빛났던 장로님들이 있었기에 오늘의 한국교회가 있고, 대한민국이 이렇게 우뚝 설 수 있었다고!

김형석 교수님은 일제강점기, 3.1운동의 물결이 삼천리 방방곡곡으로 번져가던 1920년에 태어나셨다. 105년을 이 땅에서 살아오셨으니, 살아 있는 역사의 증인이라 해도 지나치지 않다. 금년에도 「행복은 인격만큼 누린다」라는 책을 출간하셨고, 지난달에는 「나의 인생 나의 신앙」 개정판도 세상에 내놓으셨다. 이뿐 아니라 아직도 왕성하게 강연을 이어가신다.

강연차 우리 교회에 오셨을 때 여쭌 적이 있다. "가장 왕성하게 활동하셨던 인생의 절정기는 언제였습니까?", "지금은 주로 어떤 공부를 하고 계십니까?" 교수님께서는 76~77세 무렵이 가장 왕성했던 절정기였다고 답하셨다. 그리고 지금은 "새롭게 사랑을 배우고 있다"고 하셨다.

가수 노사연 씨의 노래 <바램> 가사 중에 "인생은 늙어가는 것이 아니라 익어가는 것이다"라는 구절이 있다. 이 가사는 요즘 시니어들에게 참 잘 어울리는 말이 아닌가 싶다. 나 역시 은퇴한 이후에 성경 공부, 설교 연구, 인문학, AI 공부에 푹 빠져 살아가고 있다.

가끔 "은퇴하시고 시간이 좀 많으시죠?"라는 말을 들으면 몹시 당황스럽다. 그럴 때마다 "오히려 시간이 더 부족하고, 해야 할 일과 하고 싶은 일들이 더 커지고 많아졌다"고 대답하곤 한다.

나이가 들면서 병원에 갈 일이 잦아졌는데, 병원에서 "아버님" "어르신"이라고 부르는 말이 불편하게 느껴질 때가 많다. 나만 그런 것이 아니라, 많은 시니어들이 '노인' '실버' '은빛' '무지개' '경로' '늘푸른' 같은 표현들을 그다지 반기지 않는다고 한다.

나는 '지공세대'(지하철을 공짜로 타는 세대)가 된 지도 벌써 7~8년이 되었다. 디지털 기기나 스마트폰, AI 기술에 완전히 익숙하다고는 할 수 없지만, 이제 그것들은 내게도 친구가 되었다. 일주일에 유튜브 촬영을 2~3회 하고, 쇼츠 영상도 자주 보며, 직접 만들어 올리기도 한다. 넷플릭스로 영화와 드라마를 보고, 배달앱으로 음식을 주문하고, 온라인 쇼핑과 쿠팡 로켓배송도 자연스럽게 사용한다. 이것이 바로 '액티브 시니어', 신중년의 일상이 아닐까 싶다.

주변 친구들을 봐도 외모 관리와 건강 관리에 진심인 이들이 많아졌다. 자기 계발이나 취미 활동에 깊은 관심을 갖는가 하면, 건강한 투자를 위해 하루에도 여러 유튜브 채널을 경청하는 시니어들도 쉽게 찾아볼 수 있다.

우리나라 사람들의 기대 수명은 83.5세로, OECD 국가 중에서도 다섯 손가락 안에 드는 수준이다. 은퇴한 목사님들에게 "몇 살까지 사역에 무리가 없다고 생각하십니까?"라고 물으면, 평균적으로 77세 정도라고 답한다. 요즘 젊은 세대들이 무조건 진보를 지지하지 않듯, 60세 이상이라고 해서 무조건 보수를 지지할 것이라 기대하는 정치는 이제 설 자리가 없다. 실제로 이번 대선에서는 60대 유권자들이 보수와 진보를 정확히 50:50 비율로 나누어 지지했다.

한 세대 전 사람들이 생각하던 신체 나이와 지금 시니어들이 인식하는 자기 신체 나이는 확연히 다르다. 일부 의학자들에 따르면, 현재 나이에 0.8을 곱하면 한 세대 전 그 나이에 해당한다고 한다. 이를테면, 지금 70세라면 과거 기준으로는 56세쯤이라는 의미다.

교회에서도 이제 이들을 소비의 주체나 돌봄의 대상으로만 보는 것이 아니라, 생산과 사역의 주체로 인식해야 할 때다. '액

티브 시니어’는 이제 한국교회 부흥의 주역 세대다.

부흥의 세대여, 다시 일어나 한국교회를 일으키라! 그대들은 실버 세대가 아니라, 오늘 한국교회의 골드 세대이니라!

모든 그리스도인은 애국자이다

광복 80년! 우리는 빛을 찾았는가?

2025년, 금년은 조국 광복 80주년을 맞는 해이다. 유난히 도 '아귀가 잘 맞아떨어지는' 역사적 기념일이 많은 해이기도 하다. 예수는 피조물이 아니라 100% 사람이며 동시에 100% 하나님이라는 신성을 회복한 공의회, 바로 니케아 회의가 열린 지 1700년이 되는 해이기도 하다. 325년의 니케아 회의는 예수 그리스도가 나의 주, 나의 왕, 나의 구세주임을 고백하는 신앙의 기초를 다시 세운 사건이었다.

또한 올해는 언더우드와 아펜젤러가 인천 제물포항에 복음을 들고 첫 발을 내디딘 한국 선교 140주년이 되는 해이기도 하다. 동시에, 황성신문 장지연 주필이 '시일야방성대곡'이라 통곡했던 을사늑약 체결 120년을 맞는 해이기도 하다.

하나님께서 천지를 창조하실 때, "혼돈과 공허와 흑암이 깊은 곳에 있는" 땅에 "빛이 있으라" 하심으로 창조 사역을 시작하셨다. 이 말씀을 위해 천지창조 6일 가운데 첫째 날을 오롯이 사용하셨다.

'광복'이라는 말은 곧 '빛을 되찾음'을 의미한다. 1910년 8월 29일, 우리는 일본에 나라를 빼앗긴 '경술국치'의 치욕을 겪었다. 주권, 국권, 외교권, 우리 땅, 우리 말, 심지어 우리 이름까지! 14일이 모자라는 35년 동안 모든 것을 빼앗긴 채 암흑의 시대를 지냈다. 그리고 1945년 8월 15일, 오직 하나님의 은혜로 우리는 해방을 맞이했고, 조국의 광복을 선물 받았다.

그러나 광복은 단순히 정치적 해방이나 외세로부터의 독립에 그치지 않는다. 광복은 한국인으로서의 정체성과 민족 공동체의 회복이며, 인간으로서의 자유와 주권을 회복하는 사건이었다. 궁극적으로는 죄와 사망, 흑암의 권세에서 벗어나 빛을 되찾은 인간 해방의 승리였다. 진정한 광복은 종교적 해방, 곧 인간 구원과 하나님과의 관계 회복, 예배의 회복으로 완성된다.

빛을 되찾은 광복은 단지 물질적 해방으로 끝날 수 없다. 우리는 일제의 식민 잔재와 의식을 극복하고, 주체적 인간으로 다시 태어나는 정신적, 문화적, 종교적 해방까지 이어갔어야 했다. 조국 광복 80년, 이 소중한 날을 단지 과거의 기념일로 끝낼 수는 없다. 오늘의 우리나라와 사회를 다시 점검하고, 우리 민족이 나아가야 할 길을 찾기 위해 치열하게 몸부림쳐야 하는 날이다.

1941년, 일제는 태평양전쟁을 일으켰고, 이 전쟁으로 우리 민족 중 500만에서 많게는 800만 명이 총알받이로 희생되었다. 그리고 1945년 8월 17일, 일제는 우리 민족과 교회 지도자들을 모두 제거하고 민족 자체를 말살할 계획을 치밀하게 준비하고 있었다. 그러나 하나님은 그 음흉한 계획보다 먼저 역사하셔서, 일본을 무조건 항복하게 하시고 우리 민족에게 조국의 광복을 선물로 주셨다.

"흙 다시 만져보자. 바닷물도 춤을 춘다. 꿈엔들 잊을 건가, 지난날을 잊을 건가."

역사를 잊은 민족에게는 희망도, 미래도 없다. 우리는 무엇을 잊지 말아야 하는가? 하나님께서 우리에게 빛을 되찾아 주셨음을 잊지 말아야 한다(잠언 19:21). 조국을 잃고 고난을 겪었던 선조들의 세월을 잊지 말아야 한다. 그날의 감격과 기쁨을 잊지 말아야 한다. 주권을 빼앗긴 설움이 얼마나 컸던지를 잊지 말아야 한다. '야드바셈 홀로코스트 기념관'에 새겨진 글귀처럼, 우리 뼛속에 새겨야 할 말, "용서하자, 그러나 잊지는 말자."

1945년 8월 15일, 조국 광복의 그날. 우리는 정말 대한민국의 정체성을 확립하고 빛을 되찾았는가? 해방의 기쁨도 채 누리기 전에 우리는 남북 분단이라는 또 다른 시련을 맞았다. 1948년 8월 15일, 남쪽에는 대한민국이, 같은 해 9월 9일에는 북쪽에 조선민주주의인민공화국이 세워지며, 분단의 역사는 고착되었다.

내 서재에는 「해방 전후사의 인식」 6권과 「해방 전후사의 재인식」 상·하권이 나란히 꽂혀 있다. 이 두 시리즈는 왜 지금 우리 사회가 이처럼 극심한 이념 갈등에 휘말렸는지를 극명히 보여준다. 같은 사건을 두고도 전혀 다른 시선과 논리를 갖고 있다. 이승만, 박정희 대통령에 대한 평가, 친일 청산, 분단, 농지 개혁, 시장경제, 자유민주주의, 한미동맹, 한일관계, 북한 이해 등에서 각기 다른 시각이 충돌한다. 서로를 종북좌파, 극우보수로 낙인찍고 악마화하고 있다.

지금 우리는 다시 "시일야방성대곡"을 외쳐야 하는가? 과연 어느 세월에 정치인들이 말하는 국민 통합, 화해, 애국, 민족 번영, 통일의 그날이 올 수 있을까?

조국 광복 80주년. 오늘도 나는 나라의 희망을 찾아 나선다. 하나님께서 우리에게 보여주실 빛을 찾아 나선다. 복음에는 국경이 없지만, 그리스도인에게는 조국이 있다. 모든 애국자가 그리스도인은 아니지만, 모든 그리스도인은 애국자이다.

지금 우리는 다시 "시일야방성대곡"을 외쳐야 하는가?
과연 어느 세월에 정치인들이 말하는
국민 통합, 화해, 애국, 민족 번영, 통일의 그날이 올 수 있을까?

조국 광복 80주년.
오늘도 나는 나라의 희망을 찾아 나선다.
하나님께서 우리에게 보여주실 빛을 찾아 나선다.

복음에는 국경이 없지만,
그리스도인에게는 조국이 있다.
모든 애국자가 그리스도인은 아니지만,
모든 그리스도인은 애국자이다.

6장

시대의 질문 앞에 선 이야기

종교개혁 500주년을 맞았던 그 무렵, 나는 CBS 재단 이사장으로 섬기고 있었다. 나는 요나서를 묵상하다가 '이 큰 폭풍을 만난 것은 나 때문이로소이다'라는 말씀에 사로잡혀 국민일보와 손을 잡고 '나부터' 캠페인을 시작하게 되었다. 그 후 분주한 목회 일정에 밀려 잠시 잊고 있었던 시민운동 '나부터 포럼'을, 다시 붙들었다.

지난 4월 29일 한국교회 섬김 센터 '드림하우스'에서 '나부터포럼'은 '축소 시대가 달려온다'라는 주제의 포럼을 가졌다. 이 주제를 붙들게 된 배경이 있다. 밀레니엄 21세기 문이 열린 지 24년, 다보스 포럼의 창시자 클라우스 슈바프(Klaus Schwab)가 제4차 산업혁명을 선언한 지 9년이 되었다. 아! 내 인생 마지막으로 볼 수 있는 최대 희망의 세계가 열리고 있구나 기대를 가졌었다. 그런데 희망은 고사하고 내 입에서 '아! 테스형 세상이 왜 이래?' 나훈아 씨의 노래가 비명처럼 터져 나왔다.

위기 아닌 것이 없는 전방위적인 위기, 갈등 아닌 것이 없는 전방위적인 갈등 시대가 펼쳐지고 있었다. 나라와 나라, 가진 자와 못 가진 자, 기업주와 노동자, 지역간, 종교간, 젊은이와 늙은이, 남자와 여자, 그 중 가장 심각한 갈등은 보수와 진보의 이념 갈등이었다. 누가 더 상대를 아프게 하는 결정적인 말을 하는가, 하는 것이 정치라고 생각하는 것 같다. 트럼프, 바이든, 시진핑, 푸틴, 김정은, 우리나라 여야 지도자들을 보라! 아! 테스형 지도자라는 사람들이 왜 저래? 탄식이 터져 나온다. 건강한 가치관, 멋진 품성, 세계를 선도하는 선진 의식, 동합적 상식을 그 누구에서도 느낄 수가 없다. 그동안 함께 손잡고 믿고 의지하던 기독교 국가 미국마저 미국의, 미국에 의한, 미국을 위한 극단적 이기주의, 자국 중심주의만 남게 된 나라처럼 보인다. 미국과 중국은 투키디데스의 함정에 빠져 세계를 싸늘한 신냉전 체제로 줄을 세우고 있다.

지구 시민들은 우울증, 울분, 분노의 화염에 휩싸여 너도나도 분노심에 마음을 빼앗기고 있다. 하루가 멀다 하고 인간성이 이렇게도 급속하게 악해질 수 있단 말인가! 지금 우리 시대 가장 힘 있는 신은 '나'라는 신이다. 모든 가치, 판단, 중심은 오직 '나'이다. 내게 유익한 것이 선이다. 내 편은 무조건 옳다. 확증 편향

팬덤만 남아 있다. 온 지구는 너를 죽여야 내가 사는 제로섬 게임, 오징어 게임을 하고 있다. 너의 불행이 나의 행복이 되었다. 제로섬 게임은 국가와 국가, 기업과 기업, 교회와 교회, 사람과 사람의 양극화, 계급화를 가져와 아령형 사회를 만들었다. 오늘의 계급화는 계급 이동, 계급 상승을 더욱 힘들게 만들었다. 개천에서 용 나는 시대는 끝이 나고 있다. 후진국에서 중진국을 지나 선진국에 들어서는 나라는 서구 외에 대한민국이 마지막이 되리라고들 한다.

아! 테스형 세상이 왜 이래? '나부터' 캠페인은 그 대답을 수축 사회, 축소 시대에서 찾아보고 싶었다. 그래서 가진 포럼이 '축소 시대가 달려온다'이다. 아니, 축소 시대가 빛의 속도로 이미 우리 곁으로 달려왔다. 내가 태어날 무렵 우리나라는 세계에서 가장 가난한 나라였다. 내가 70년을 살아오는 동안 내일은 늘 희망이었다. 그래서 배고픔도, 고난도 이길 수가 있었다. 우리는 한미동맹, 시장 중심 경제의 경제 부흥을 통한 낙수 효과를 믿고 사는 신자유주의 신봉자였다.

그러나 세상이 달라졌다. 시야를 넓히고 사고의 지평을 넓혀야 바른 판단, 바른 정책이 가능하다. 내 아이들은 역사 무대에서 내려올 때까지 어쩌면 축소 시대를 살며 수축 사회의 교회를 섬겨야 한다. 우리 시대 자녀는 나의 희망이었지만 우리 자녀에게 자녀는 그들 인생의 커다란 부담이요, 짐이다. 이런 축소 시대, 저출생 고령사회는 예정이 아니라 정해진 길이다. 이미 도래한 축소 시대, 한국교회는 철저한 패러다임 시프트로 우리 사회, 한국교회, 교단 그리고 가정과 자신의 미래를 설계해야 할 것이다.

‘나부터포럼’의 금년 가을 주제는 “AI, 너에게 교회의 미래를 묻는다”이다. 지금 세상은 마치 빅뱅을 맞은 것처럼 빛의 속도로 달라지고 있다. 미래 교회, 아니 오늘의 교회는 AI를 목회와 선교의 빛으로 맞이할 것인가, 아니면 그것들을 그림자로 남겨두게 될 것인가를 두 눈 크게 뜨고 살펴보아야 한다. 지난달 ‘나부터포럼’은 차의과학대학교 구요한 교수를 모시고 AI 오리엔테이션 세미나를 열었다. 그 자리에서 구 교수는 한국교회를 향해 열 가지 질문을 던졌는데, 그 첫 번째 질문이 바로 “AI가 작성해준 기도문, 진정한 기도일까?”였다. 이미 CBS에서도 이 열 가지 질문에 대한 답을 찾기 위한 특집 방송을 시작한 듯하다.

문명사적 대전환기마다 교회는 새로운 문명을 어떻게, 어디까지, 얼마나 신속히 받아들여야 하는가를 물어왔다. 지금 우리가 맞이한 디지털 AI 시대도 마찬가지이다. 만약 AI 과학 문명을 두려움으로만 밀어낸다면, 다음 세대는 교회를 청학동 사람을 바라보듯 갓 쓰고 상투 튼 낯선 집단으로 여길 것이다. 그러나 또 한편으로 우리의 영성 생활, 심지어 하나님께 드리는 기도까지 AI에게 내어줄 수는 없지 않겠는가?

신앙생활은 곧 예배 생활, 기도 생활이라고 할 만큼 기도는 영성의 핵심이다. 기도는 피조물 가운데 오직 인간에게만 주어진 특권으로, 창조주 하나님과의 친밀한 교제요 인격적 교통이다. 그중에서도 공적 예배에서의 대표 기도는 한 개인이 공동체 전체를 대표해 하나님께 드리는 기도이다. 이는 기도자의 사사로운 바람이 아니라, 공동체가 당면한 영적 문제와 그날의 예배를 통해 하나님께 드릴 영광과 감사, 회개와 간구, 교회의 성장과 선교를 위한 기도이다. 그렇다면 이러한 기도문을 AI에게 프롬프트해 작성된 글로 대신해도 좋은가 하는 문제는 지금 우리 시대가 반드시 진지하게 논의해야 할 질문일 것이다.

기도의 진정성은 완벽한 문장의 아름다움에 있지 않고 하나님을 향한 성도의 진실한 마음에 있다. 서울여자대학교 김명주 교수가 "AI는 양심이 없다"고 역설했듯 AI에는 영성이 없다. 따라서 AI가 작성한 기도문 그 자체가 곧 기도가 될 수는 없다. AI가 단지 입력된 명령을 따라 최적의 문장을 만들어냈다고 해서, 그 안에 하나님의 임재나 신앙적 감정이 담기는 것은 아니다. 만일 대표 기도자가 하나님 앞에 드릴 준비의 시간이나 마음을 아끼려 AI에게 기도문을 의탁한다면 이는 경계해야 할 일이다. 더구나 멋진 기도문으로 자기 과시를 하고자 한다면 그 기도가 하나님께 상달될 수는 없는 것이다.

그렇다면 AI는 우리의 신앙생활에서 철저히 배제되어야만 하는가? 기도의 진정성을 둘러싼 문제를 단순히 흑백논리로 나눌 수는 없다. 관건은 AI를 도구로 볼 것이냐, 대체자로 볼 것이냐에 있다. 단순한 편리를 위해 사용할 것인가, 아니면 더 깊은 기도를 돕는 촉진자로 삼을 것인가의 문제이다. AI가 작성한 기도문 가운데 기도자가 인격적으로 동의하고 자신의 고백과 진정한 마음을 담아 활용한다면 나무랄 일은 아니다. 디지털 AI는 시대적, 목회적, 선교적 도구로 충분히 활용될 수 있는 새로운 문명의 산물임을 인정해야 한다.

결론적으로 공예배에서 기도를 맡은 이는 설교자가 설교를 준비하듯 기도를 기도로 준비해야 한다. AI가 아니라 사람이 직접 작성한 기도문일지라도 의무감이나 습관적 형식으로 드린다면 그것은 온전한 기도가 될 수 없다. 중요한 것은 AI가 만들어 낸 흠잡을 데 없는 문장이 아니라 하나님께 드리는 진정성 있는 마음으로 준비한 기도이다. 다만 시대에 걸맞게 AI에게 설교 본문, 예배 주제, 교회의 행사나 알림, 성도들의 형편 등을 입력해 작성된 기도문을 참고해 기도자가 자신의 고백과 진심을 담아 드린다면 오히려 더 아름다운 기도가 될 수도 있지 않겠는가?

** 나부터포럼

종교개혁 500주년 기념운동의 연장선에서 출발하여 한국교회가 사회적 책임과 시대적 과제에 응답하도록 돕는 신앙 대화의 장으로 발전해오고 있다. AI 시대를 맞아 교회가 직면할 이 시대 가운네 맞이할 도전과 기회를 신학석·윤리적 시각에서 조망하는 역할을 감당하고 있다.

설교 준비에 AI 도움 어디까지 허용될까? (1)

신학대학원에서 곽선희 목사님의 강의를 수강하던 때였다. '교회 성장과 설교' 수업 시간에 한 학생이 "목사님은 설교 한 편을 준비하시는 데 몇 시간이 걸리십니까?"라고 물었다. 그때 목사님의 대답은 지금까지도 생생하다. "네, 꼭 50년이 걸렸습니다." 살아온 50년 인생 여정, 곧 자기 자신이 설교라는 뜻이었다.

그런데 지금은 사정이 다르다. 내가 매일같이 사용하는 챗GPT, 클로드, 제미나이, 퍼플렉시티 등 AI에게 프롬프팅(원하는 결과를 얻기 위해 AI에 지시문을 입력하는 것) 하면 단 몇 초 만에 설교 한 편이 완성되는 세상이다. AI가 보유한 지식 정보를 책으로 발간하면 몇억 권이 아니라 무려 54경 권에 이른다고 한다. 그렇다면 앞으로 AI는 목회자에게 천사가 될까 악마가 될까? 빛이 될까 어둠이 될까? 목회에 유토피아가 될까 디스토피아가 될까? 차의과학대학교 구요한 교수가 AI 시대 한국교회에 던진 두 번째 질문은 바로 '설교 준비에 AI 도움, 어디까지 허용될까?'이다.

설교는 단순한 지식 전달이나 종교적 강의가 아니다. 설교는 살아계신 하나님의 말씀이 선포되는 살아 있는 말씀이다. 목사가 성경의 진리를 오늘의 말씀으로 해석하고, 회중의 삶에 적용해 그들의 필요를 채우고 변화를 이끌어내는 교회와 예배의 생명력 그 자체이다. 그러므로 목회에서 설교의 중요성은 아무리 강조해도 지나침이 없다. 사도 바울 또한 설교는 단순한 정보 전달이 아니라 성령의 도움, 성령의 나타남과 능력으로 하는 것임을 역설했다(고전 2:4).

이처럼 목회의 핵심 사역이라 할 수 있는 설교 사역을 돕는 1등 비서 도우미가 나타났다. 앞으로 5년, 10년간 펼쳐질 AI 발전은 지난 100년, 200년의 변화보다 훨씬 더 큰 변혁을 지구촌 모든 영역에 가져올 것이다. AI의 등장은 목회자의 설교 준비 과정에 새로운 가능성을 열어주고 있다. 방대한 정보를 놀라운 속도로 분석·정리하는 능력을 갖춘 AI는 프롬프팅 기술에 따라 본문의 역사적 배경, 다양한 주석, 관련 학설과 논문을 순식간에 정리해줄 것이다. 바쁜 목회자의 시간을 절약하고 유용한 정보의 폭을 넓혀 깊이 있는 설교를 가능하게 하는 효과적인 비서임은 분명하다.

그러나 반드시 기억해야 할 전제가 있다. 인공지능 AI는 설교자를 대신할 수 없고, 단지 돕는 기술에 불과하다는 사실이다. 지금까지는 책을 뒤지고 자료를 찾아야 했지만, 이제는 그 과정을 신속하고 유용하게 도와주므로 설교자는 본질적인 작업, 곧 본문 묵상과 성령과의 교통에 더 많은 시간을 쏟을 수 있게 된 것이다. AI가 제공하는 정보를 신학적·영적으로 판단하고 분별하며 선택하는 일은 여전히 설교자의 몫이다.

동시에 AI의 유용성 뒤에는 엄청난 위험성도 도사리고 있음을 간과해서는 안 된다. 설교자가 AI의 편리함에 지나치게 의존할 때 설교의 본질인 성경 묵상과 성령의 감동과 조명을 받는 시간이 사라질 수 있다. 너무 손쉽게 도움을 받는 것이 설교 준비의 습관이 되어 설교자의 기도와 공동체의 필요를 끌어안는 해산의 고통이 사라질 수 있다. 설교자는 결코 자신의 신앙, 인격, 신학, 삶과 분리된 남의 이야기를 전하는 기계가 되어서는 안 된다.

AI에게 무엇을 맡기고 설교자 자신은 무엇을 감당해야 하는가를 분별하는 지혜야말로 AI시대에 절실히 요청되는 소양일 것이다.

AI가 빛의 속도로 달려오고 있다. 우리가 그 빛을 바라보는 순간, 그 빛은 이미 모든 것을 비추고 있다. 우주 과학과 산업 세계는 물론, 교회를 섬기는 목회자의 사역 또한 AI 이전과 AI 이후로 나누어지고 있다. 그러므로 설교자들은 AI가 주는 효용성을 잘 습득하는 동시에 앞으로 AI가 가져올 위험성 또한 분별할 수 있어야 한다. 최근 발간된 크리스틴 로젠(Christine Rosen)의 「경험의 멸종(The Extinction of Experience)」은 미래 설교자들에게 던지는 경고가 될 수 있다.

김명주 교수의 저서 「AI는 양심이 없다」가 지적했듯, AI가 설교자들에게 편리함을 주는 이면에는 성경을 붙들고 씨름하며 성령의 조명을 갈구하는 시간을 빼앗아 갈 위험이 있다. 섬기는 공동체를 위해 고뇌하는 직접 경험이 아닌 간접 경험을 마치 자기 것으로 착각하게 만들 수도 있다. 영적인 설교 한 편은 언제나 설교자의 해산의 고통을 통해 만들어지고 선포되는 것이다.

기독교는 언제나 제1, 2, 3, 4차 산업혁명과 함께 밀려온 새로운 도구들을 선교와 목회 현장에 적극적이고 효율적으로 활용해왔다. 다가오는 디지털 AI 과학 시대 역시 두려움으로 맞이할 필요는 없다. AI와 공존을 거부할 이유도 없다. AI 목사가 나타나 목회 현장을 빼앗아 갈까 두려워하지 않아도 된다. 오히려 AI와 함께 더욱 지혜롭고, 더욱 영적인 목회자로 살아갈 수 있는 세상이 펼쳐지고 있다.

얼마 전 챗GPT를 세상에 내놓은 빅테크 기업 'OpenAI'는 모든 공동체와 집단들이 AI를 사용하기 전에 반드시 원리와 원칙, 규칙을 세우라고 조언했다.

첫째, 우리는 왜 AI를 사용하는가 하는 목표를 분명히 해야 한다.

둘째, 그 목표가 정해졌다면 양극화가 일어나지 않도록, 디지털 약자가 생기지 않도록, 공동체 구성원 모두가 AI를 능숙히 활용할 수 있도록 훈련해야 한다.

셋째, AI를 목회 현장과 설교 준비 과정에서 사용하며 얻게 되는 성공 경험과 실패 경험을 공유할 수 있는 클라우드를 마련해야 한다. 교회 AI 연구소, 신학교, 총회 차원의 클라

우드 시스템이 만들어진다면 가장 효율적일 것이다.

넷째, 모든 것이 준비되었다면 건강하고 안전하게 변화할 용기를 가지고 도전해야 한다.

AI 발전 과정에서 세계는 지금 속도성과 안전성 사이에서 고민하고 있다. 속도성은 과학과 산업 세계가 감당할 것이다. 그러나 교회는 하나님의 주권과 성경적 가치에 따라 AI의 안전성과 윤리 지침을 세우고 세상에 선포하는 일을 게을리하지 말아야 한다. AI가 AGI, 나아가 ASI로 발전하는 과정에서 지구촌과 인류를 파괴하는 방향으로 흐르지 않도록 기도해야 한다. AI가 전쟁 무기나 살상 무기로 급속히 과도하게 발전하지는 않는지, 인간의 통제를 벗어나 오히려 인간을 지배하는 방향으로 가지는 않는지 감시해야 한다.

교회 내적으로는 설교자들 스스로가 AI의 발전과 사용이 교회 생태계를 파괴하거나, 설교자의 영성과 두뇌를 손상시키고 건강한 영성 생활을 무너뜨리지 않는지 늘 깨어 있어야 할 것이다.

이미 우리 시대는 '사자 인플루언스' 시대, 즉 별세하신 설교가가 가상 인간으로 재현되어 디지털 속에서 영생하는 시대가 되었다. 죽은 가수가 버젓이 디지털 속에 살아 노래를 하고, 죽은 목회자가 안방 TV에서 설교를 하고 있다. 이전에 했던 방송을 재방영하는 것이 아니라 새로운 설교를 생성해 오늘 이 시대를 향한 설교를 하고 있다.

이 위기 시대, 오늘날 목회자들은 설교 준비를 돕는 기가 막힌 보조자, 비서를 두게 되었다. 이 비서를 효율적으로만 잘 사용하면 더욱 창의적이고 질 높은 설교를 할 수 있게 되었다. 어떻게 하면 AI를 지혜롭게 활용해 더욱 영적인 설교를 할 수 있을까? AI와 함께 설교 준비를 할 때 무엇을 어떻게 유념해야 하는가? 그 위험성은 무엇일까?

얼마 전 미국 MIT 공대가 챗GPT 등 AI를 잘못 사용할 때 '뇌가 퇴화된다'는 연구 결과를 발표한 것은 설교자들에게 많은 시사점을 준다. MIT는 리더들의 글쓰기 과정에서 챗GPT를 사용한 그룹과 창의적인 연구와 논의 과정을 통해 글을 쓴 그룹을 비교 연구했다. 놀라운 사실은 AI를 검색하고 AI에게 지시해 글을 쓴 그룹의 뇌가 6개월이 채 못 되어 퇴화되기 시작했다는 점이다. 경험의 멸종으로 AI에 전적으로 의존해 설교를 쓰다 보면 어느새 짜깁기 설교, 붙여넣기 설교에 익숙해지고 간접 경험을 자기 경험인 양 설교하는 표절 설교자가 되어 있더라는 것이다. 특히 젊은 AI 사용자일수록 비판적 사고, 창의성, 문제 해결 능력, 위기 대응 능력이 저하되었다는 보고도 주목할 만하다.

MIT는 AI와 인간의 지혜로운 전략적 분업이 이루어져야 한다고 경고한다. AI를 맹목적으로 사용하지 말고 비판적으로 사용해야 한다. 설교자는 AI 기술 연구와 더불어 인문학, 사회학, 철학, 무엇보다 귀납적이고 창의적인 성경 연구를 병행해야 한다. 이것이 바로 AI 사용의 안정성·윤리성·가이드라인이 아닐까 싶다. 물론 단순 반복적 정보 검색은 AI에게 맡길 수 있을 것이다. 그러나 최종 판단은 항상 설교자의 몫이다. AI가 강력한 도구임은 분명하지만 하나님이 인간에게 주신 지혜와 영성을 퇴화시켜서는 안 된다. AI를 얼마나 많이 사용하느냐의 문제가 아니라, 얼마나 지혜롭게 사용하느냐를 항상 고민해야 한다. 편리함에 익숙해지거나 영적 게으름에 빠지지 않도록 늘 깨어 있어야 한다. 더 깊이 기도하고 연구하며 더 많이 묵상하고 더 좋은 설교를 하기 위해 치열하게 몸부림쳐야 한다. 주어진 정보들을 성령의 조명 아래 자기 고백과 언어로 만들어 가는 거룩한 영적 책임을 회피해서는 안 된다.

AI 시대의 설교자는 성령의 인도하심에 더욱 민감해야 한다. AI가 제공하는 정보는 어디까지나 자료에 불과하다. 성령의 감동과 묵상의 자료일 뿐이다. 보조자가 설교자의 고뇌를 대체하는 순간, 설교자의 뇌는 망가지기 시작한다. 성령은 성경과 자료를 바르게 해석할 지혜와 분별을 주시며, 오늘날의 필요를 파악하고 공동체를 치유할 수 있는 통찰을 주신다. 오늘의 설교가 하나님의 뜻인지 깨닫게 하시는 것도 성령이다.

AI 사용! 우리를 대신해서가 아니라 우리 곁에서!

AI 시대 교회 리셋(Reset)

오늘 우리는 새 인류가 등장하는 문명사적 대전환기를 맞고 있다. 미래 지구촌을 이끌어 갈 Z세대와 알파세대가 디지털 원주민으로 태어나 AI 시대와 함께 성장해가고, AI 원주민으로 태어나 AI를 동반자로 일고 살아 갈 베타세대들이 태어나기 시작했다. 나는 이미 70이 넘은 시니어이지만, 제미나이·퍼플렉시티와 친구처럼 대화하고, 클로드와 챗GPT를 곁에 둔 채 함께 연구하고 글을 쓰며 설교를 준비한다. 재미있는 소통과 격려가 필요할 때는 소라를 활용해 동영상을 만들어보기도 한다.

휴머노이드의 급속한 발전으로 인공지능 로봇이 집안일을 돕고, 가사 도우미, 노인 돌봄 역할 뿐 아니라 아이들 교사와 친구 역할을 하기 위해 곧 우리 곁 시장으로 쏟아져 나오게 될 것이다. 각 분야의 인플루언서가 더 이상 사람이 아닌 AI가 되어 AI 아나운서·AI 가수·AI 목사로 활동하는 이른바 '로봇 사피엔스' 시대가 멀지 않았다. 아니, 이미 우리 곁에 와 있다. 「트렌드 코리아 2026」은 새해를 '호스 파워(Horse Power)' 즉 그리스 신화 속 하체는 말, 상체는 인간인 반인반마 '켄타우로스'의 해로 규정하고 있다. 기독교적 개념은 아니지만, 2026년 붉은 말의 해를 'AI를 장착한 인간의 주체성과 지혜가 새 시대를 여는 하이브리드의 해'로 예측하고 있는 것이다.

심지어 「시니어 트렌드 2026」 보고서에서는 은퇴를 앞둔 시니어 세대가 자신이 가진 경험, 인생 통찰력, 그리고 준비된 자금으로 AI 시대를 선도할 것이라고 예측하며, 그들의 미래를 구체적으로 안내하고 있다.

「한국교회 트렌드 2026」 역시 빛의 속도로 다가오는 AI 시대를 한국교회가 두려워하거나 거부하지 말고, 적극적으로 공존의 길을 만들어야 한다고 제언한다. 또한 "AI에게 감정이 있는가?", "AI가 과연 고통 중에 있는 인간을 위로하고 상담할 수 있는가?"라는 질문을 던진다. 감정은 없지만 AI 기술이 감정을 흉내내며 AI를 통해 언어로 표현되는 '감성 터치'가 일어나는 것은 사실이다. 지금까지 주로 활용된 것은 자료 검색, 신학적 주제 해설, 설교 자료 준비, 성경 주석 및 주해 등이었지만, 이제는 시공을 초월한 '교회 상담자' 역할까지 감당하고 있다. 위로를 받고 감동을 받으며 자신의 문제에 대한 해답을 얻었다는 사람들도 늘고 있다.

천주교에서는 가상 AI가 고해성사를 진행하고 100개 이상의 언어로 상담하며 신앙생활 전반을 안내하도록 시도한 바 있다. 그러나 그 위험성과 부작용으로 인해 다시금 윤리성·안전성·영적 과제를 논의하고 있는 것으로 알려졌다. 여러 교회에서도 교회 소개, 새신자 상담과 등록, 행사 안내, 소그룹 소개와 신청, 다양한 행정 업무를 담당할 인공지능 로봇을 준비하고 있다. 「한국교회 트렌드 2026」은 이러한 존재들을 'AI 코파일럿(AI Copilot)' 즉 목회의 주체자가 아닌 '부조종사'로 명명하고 있다.

지금 교회는 AI 시대의 교회를 리셋(Reset) 해야 할 때를 맞이하고 있다. 대부분의 목회자들은 AI를 코파일럿으로 사용하는 데 적극 동의하고 있다. 신학적으로 이를 어떻게 이해하고 받아들이느냐에 따라 교회는 기계보다 못한 공동체로 전락할 수도 있고, 감히 기계가 흉내낼 수 없는 영적인 교회로 나아갈 수도 있다. 도구에 압도되어 질식하는 교회가 있는가 하면, 그 도구를 새로운 목회의 기회로 전환하는 교회도 있다.

교회 리셋의 시대, 교회는 본질에 더 충실하고 진정성에 목숨을 걸어야 한다. 성도 간의 눈물 어린 교제, 예배와 기도의 공동체 회복, 소그룹 가운데 임하시는 성령의 임재 경험, 치유와 격려의 체험, 변하는 시대 속에서도 변하지 않는 복음의 능력이 교회의 중심을 잡아야 한다. 성경을 펼칠 때 기도로 하나님의 도움을 구하듯, AI에게 질문할 때마다 주의 몸 된 교회에 유익하게만 사용되기를 기도하는 일을 잊지 말아야 한다.

교회 리셋. 속도보다 중요한 것은 영성이며, 안전성이고, 윤리성이다.

AI 시대 교회가 물어야 할 질문은 "할 수 있는가?"가 아니라 "왜 해야 하는가?"이다.

지난 10월 20일, 필자가 대표로 있는 '나부터포럼'이 서울 강서구 메이필드호텔 이원홀에서 'AI, 너에게 한국교회의 내일을 묻는다'는 주제로 포럼을 열었다. 교계 지도자와 연구자 50여 명이 함께 모여, AI 시대 속 교회의 사명과 방향을 깊이 모색하는 시간이었다.

이날 발제는 구요한 교수(차의과대)의 'AI, 넌 누구니?'와 김명주 교수(서울여대)의 'AI, 너와 어떻게 놀아야 하니?'로 진행됐다.

첫 번째 발제에서 구요한 교수는 AI는 도구이자 거울이며 인간의 한계를 드러내는 존재라고 강조했다. AI의 본질을 "기계가 아니라 인간의 욕망과 교만을 비추는 거울"이라 규정했다.

구 교수는 바벨탑 사건(창 11장)을 인용하며 "인간이 언어와 기술로 신이 되려 한 시도가 AI 문명 속에서 반복되고 있다"고 분석했다. 또한 "AI의 발전은 멈출 수 없지만, 그 사용은 통제가능해야 한다"며 "기독교적 윤리와 영성의 회복이 기술문명의 방향을 바로잡는 유일한 길"이라고 강조했다.

이어 구 교수는 AI의 현주소를 설명하며 "AI는 더 이상 학습만이 아니라 '자기 재학습' 단계로 나아가고 있으며, 그 안에서 인간의 창의성과 정체성이 도전받고 있다"고 말했다. 특히 '모델 붕괴(Model Collapse)' 현상을 소개하며 "AI가 인간의 데이터를 반복 학습하다가 결국 인간성의 다양성을 소멸시킬 위험이 있다"고 경고했다.

구 교수는 "교회는 AI를 두려워하기보다 그것이 인간의 한계와 교만을 비추는 거울임을 인식해야 한다"며 "하나님의 형상대로 창조된 인간의 존엄성을 회복하는 신학적 상상력이 필요하다"고 결론지었다.

두 번째 발제자인 김명주 교수는 AI와 공존하되, 신앙의 원칙 위에서 놓아야 한다고 주장했다. 보다 구체적인 윤리적 문제를 제시했다. "AI는 인간과 공존하는 새로운 존재로 등장했지만 인간의 영혼과 감정까지 대체할 수는 없다"며 "교회는 기술과 인간의 경계를 분명히 인식해야 한다"고 말했다.

김 교수는 '일라이자 효과(Eliza Effect)'를 언급하며, 단순한 알고리즘에도 감정을 이입하고 교감한다고 믿는 인간의 착각을

꼬집었다. "기독교인은 AI의 기술을 섬기지 않고 그 기술을 섬김의 도구로 사용해야 한다"고 당부했다.

김 교수는 또한 "AI는 죽음 이후의 인간 재현(Digital Persona)까지 가능하게 만들고 있다"며 "이제 애도, 관계, 윤리 등 인간의 근원적 영역에까지 AI가 개입하고 있다"고 설명했다. 그러나 그는 "기술이 인간의 영혼을 대신할 수 없으며, 오히려 교회가 새로운 애도와 관계의 영성을 제시해야 한다"고 말했다. 따라서 "AI 시대의 진짜 위기는 일자리 상실보다 인간다움의 상실"이라며 "교회는 다음 세대에게 도구 활용 능력보다 영성(Spirituality)과 협업, 변화 수용, 생각하는 힘을 길러주는 공동체가 되어야 한다"고 강조했다.

포럼 참석자들은 "AI는 인간의 지적 능력을 뛰어넘었지만, 하나님의 형상(Imago Dei)은 인간 안에만 존재한다"며 "AI 시대에도 교회는 여전히 인간의 존엄과 사랑, 공동체의 영성을 증언해야 한다"고 입을 모았다.

AI의 발전은 인류 문명사적 전환이지만 기술의 진보가 인간의 타락을 막아주지는 않는다. 교회가 먼저 스스로를 성찰하고 '나부터 변화'라는 신앙적 개혁운동으로 대응해야 한다.

2026, 켄타우로스의 해와 교회의 AI 트렌드

2026년은 인류가 인공지능과의 공존을 본격적으로 체감하게 되는 전환점이다. 앞에서 언급했듯, 전문가들은 이 해를 '켄타우로스의 해'라 부른다. 반인반수(半人半獸)의 존재, 켄타우로스는 인간의 지성과 말의 육체를 함께 지닌 신화 속 존재이다. 그 안에는 인류의 스승이자 의사였던 케이론의 지혜가 있는가 하면 욕망과 파괴에 사로잡힌 어두운 모습도 함께 담겨 있다. 이것은 오늘의 인공지능을 상징하기에 더없이 적절한 비유이다. AI는 인간의 능력을 확장하지만, 동시에 인간의 한계를 드러내고 윤리를 시험한다.

2026년은 'AI 코파일럿(Copilot)'의 시대이다. 인공지능이 인간의 보조자로서 생활과 산업의 거의 모든 영역에 들어오게 된다. 의료에서는 진단과 예측을 돕고, 법률에서는 판례를 분석하며, 교육에서는 학습의 방향을 제시한다. 이제 AI는 단순한 기술이 아니라 사회의 언어가 되었다. 교회 역시 이 거대한 흐름

앞에 서 있다. 예배와 설교, 선교와 목회 행정의 영역에서도 AI는 이미 작동하고 있다. 문제는 기술의 가능성이 아니라 그 기술을 다루는 교회의 태도이다.

AI를 배우는 것은 피할 수 없는 과제이지만 신앙의 본질을 잃지 않는 것은 더 큰 사명이다. AI는 설교나 성경 연구, 목회 자료 준비를 돕는 유익한 도구가 될 수 있지만, 신학적 분별력은 여전히 인간의 몫이다. AI가 교회를 대신할 수는 없고 인간의 영성을 모방할 수도 없다. 기술이 복음을 전달할 수는 있지만, 복음을 '살아내는' 것은 오직 사람뿐이다. 그러므로 교회는 기술의 발전보다 기술을 대하는 태도에서 거룩함을 증언해야 한다.

공공신학적 관점에서 보면 교회가 AI를 배워야 하는 이유는 단순히 시대의 흐름에 뒤처지지 않기 위해서가 아니다. 그것은 '포용과 책임'의 신앙 때문이다. 기술의 발전이 새로운 양극화를 만들어내지 않도록, 교회는 그 간극을 메우는 역할을 해야 한다. 작은 교회일수록 AI를 통해 설교, 찬양, 자료를 손쉽게 제작할 수 있다면 이는 콘텐츠의 불균형을 해소하는 길이 된다. 또한 고령 성도에게는 음성으로 말씀을 전하고, 청년 세대에게는 맞춤형 상담과 신앙 콘텐츠를 제공하는 등 AI는 돌봄의 손길을 넓히는 통로가 될 수 있다.

AI는 교회의 공공성을 회복시키는 기회이기도 하다. 교회 안에 머무는 기술이 아니라 지역사회를 섬기고 복음을 공공의 영역으로 확장하는 수단으로 사용해야 한다. 마을학교, 청년 창의 프로젝트, 독거노인 돌봄, 지역 콘텐츠 제작 등 AI는 복음의 언어를 세상의 언어로 번역할 수 있는 가능성을 품고 있다. 교회가 이를 올바르게 사용할 때 기술은 단순한 효율의 도구를 넘어 '섬김의 신학'으로 변한다.

켄타우로스의 상징은 결국 선택의 문제이다. 인간의 지성과 윤리를 따라 기술을 다스릴 것인가, 아니면 욕망의 본능에 이끌려 기술에 지배될 것인가. 교회는 그 선택의 중심에 서 있다. 기술의 빠름보다 말씀의 깊음으로, 데이터의 정확성보다 성령의 감동으로 시대를 분별해야 한다.

2026년 켄타우로스의 해는 단순히 미래의 예고가 아니다. 이미 시작된 현실이다. 교회가 기술의 주인이 아니라 하나님의 동역자로 설 때, AI는 위협이 아닌 지혜의 도구가 된다. 인간의 손에 들린 AI가 아니라 하나님의 손에 붙들린 교회가 세상을 이끌어갈 때, 켄타우로스의 시대는 혼돈이 아니라 부흥의 계절이 될 것이다.

AI의 시대가 이미 교회의 문턱을 넘어섰다. 설교문 작성, 성경 연구, 목회 행정, 심지어 예배 안내까지 인공지능이 돕는 시대이다. 교회는 AI를 어떻게 사용할 것인가? 그것은 단순한 기술의 문제가 아니라 '정의(正義)'의 문제이다.

마이클 샌델은 「정의란 무엇인가」에서 세 가지의 관점을 제시한다. 첫째는 공리주의적 정의이다. 가장 많은 사람에게 가장 큰 행복을 준다면 그것이 정의라는 입장이다. 그러나 공리주의는 효율과 결과를 중시하는 만큼 소수를 희생시킬 위험을 안고 있다. 둘째는 자유주의적 정의이다. 개인의 선택과 자유를 최우선 가치로 본다. 하지만 개인의 자유가 공동선보다 앞설 때, 사회적 약자는 더 큰 불평등 속에 방치된다. 셋째는 도덕적·공동체적 정의이다. 인간의 존엄, 선한 삶의 목적, 그리고 도덕적 책임을 함께 논하는 입장이다. 교회의 정의는 바로 여기에 서야 한다.

AI는 공리주의의 유혹을 품고 있다. 효율과 속도, 편의와 생산성이라는 이름으로 인간의 자리를 밀어내기 쉽다. 그러나 교회는 '효율보다 존엄'을 붙들어야 한다. 설교를 빠르게 쓰는 AI보다, 눈물로 말씀을 붙드는 인간 목회자가 더 정의롭다. 교회는 언제나 결과보다 과정, 숫자보다 영혼을 중시하는 공동체이기 때문이다.

또한 AI는 자유주의의 환상을 일으킨다. 누구나 접근하고, 누구나 활용할 수 있는 기술처럼 보이지만 실제로는 자본과 데이터의 집중이 불평등을 심화시킨다. 큰 교회는 AI를 통해 행정을 효율화하고 콘텐츠를 확장하지만, 작은 교회는 여전히 따라갈 수 없는 현실에 놓인다. 정의로운 AI 사용이란 기술의 자유가 아니라 접근의 평등에서 출발해야 한다. 교회는 디지털 격차를 줄이고, 약한 교회와 이웃을 먼저 돌아볼 때 정의의 길 위에 선다.

교회의 정의는 도덕적 책임 위에 세워진다. AI는 인간의 결정을 모방하지만, 인간의 양심을 대신하지는 못한다. 기술의 정확성보다 중요한 것은 '무엇을 위해' 사용하는가이다. 교회가 AI를 사용하는 이유는 경쟁이 아니라 섬김이어야 한다. 고령 성도에게는 음성으로 말씀을 들려주고, 시각장애인에게는 영상이 아닌 음성 신앙 콘텐츠를 제공하며, 소외된 이웃에게 복음을 전하는 일이라면 AI는 정의로운 도구가 될 수 있다.

AI 사용의 정의는 결국 '사람을 중심에 둘 수 있느냐'에 달려 있다. 하나님은 기술보다 사람을 통해 일하신다. 기술은 인간의 손에 들린 도구일 뿐 인간을 대신할 주체가 아니다. 그러므로 AI를 두려워하지 않되, 무비판적으로 받아들여서도 안 된다. 기술을 인간의 지혜로 통제하고 신앙의 영성으로 조율할 때 AI는 위험이 아닌 가능성이 된다.

AI의 시대에 교회가 말하는 정의는 단순한 윤리 강령이 아니다. 그것은 하나님의 형상(Imago Dei)에 대한 신앙 고백이다. 인공지능이 인간의 일을 대신하는 시대일수록, 교회는 인간의 존엄을 지켜야 한다. 기술을 통해 약자를 섬기고, 도덕적 위험을 막아내며, 신학적 분별력을 회복할 때 교회의 AI 사용은 정의로워진다.

AI를 두려워할 이유는 없다. 그러나 그 사용이 사람을 해치거나 신앙의 본질을 훼손한다면 그것은 결코 정의가 아니다. 교회는 기술의 주인이 아니라 정의의 증인으로 서야 한다. 하나님 앞에서 바른 기술, 바른 인간, 바른 교회를 세워갈 때, AI는 위협이 아닌 은총의 통로가 될 것이다.

케이팝 데몬헌터스와 혼합주의의 유혹

최근 화제를 모은 애니메이션 「케이팝 데몬 헌터스(케데헌)」가 박스오피스 1위, 넷플릭스 영화 부문 1위, 주제가 <Golden>은 빌보드 핫100 1위를 차지하며 전 세계를 흔들고 있다. 명동과 경복궁이 영화 배경으로 등장하며 관광지로 주목받고, 제작 수익은 수백억 원대에 이른다고 한다. 그러나 이 영화는 단순히 케이팝 성공 신화로만 볼 수 없는 문화적, 신학적 문제를 안고 있다.

영화의 설정은 흥미롭다. 여주인공 루미는 인간 무속인 어머니와 마귀 아버지 사이에서 태어난 '헌트릭스' 걸그룹의 멤버다. 귀신의 피를 물려받은 그녀는 인간을 구하기 위해 '골든 혼문'을 세운다. 남자 주인공 진우는 귀마의 부하로서 보이그룹 '사자보이즈'의 멤버로 등장한다. 작품은 악마와 인간이 공존하며 세상을 구원한다는, 일종의 '혼문 구원론'을 펼친다.

처음엔 '영화는 영화일 뿐'이라 생각했다. 그러나 보고 난 뒤 깊은 묵상 속에 떠오른 생각은 달랐다. 무속과 오컬트, 뉴에이지 세계관이 버무려진 이 영화는 기독교 신앙과는 전혀 다른 구원관을 제시한다. 영적 세계를 가볍게 소비하는 문화가 얼마나 깊이 우리의 감각을 마비시키는지 새삼 깨닫게 된다.

루미가 자신의 상처를 고백하고 자유를 얻는 과정은 겉으로 보면 회복의 서사처럼 보인다. 그러나 그 안에는 "인간 스스로가 자신을 구원할 수 있다"는 메시지가 숨어 있다. '헌트릭스' 공동체가 서로의 약점을 덮고 악과 맞서는 모습은 공동체 회복처럼 보이지만, 복음적 구원과는 다르다. 영화 속 '골든 혼문'은 결코 천국문이 아니다. 성경은 "내가 문이다. 누구든지 나로 말미암아 들어가면 구원을 얻는다"(요 10:9)고 선언한다. 황금문이 아닌 예수 그리스도만이 구원의 문이다.

그럼에도 이 작품은 기독교적 언어를 교묘히 차용해 신앙과 미신을 혼합한다. 무당의 춤, 호랑이와 까치의 수호 상징, 기이한 문양들은 모두 샤머니즘의 이미지이다. 이를 단순히 "보지 말라"고 막는다고 해서 해결되지 않는다. 부모 세대가 먼저 분별하고, 교회가 성경적으로 해석해 청소년과 어린이에게 설명해야 한다. 빛과 어둠, 진리와 비진리의 차이를 바로 가르칠 수 있어야 한다.

케데헌이 위험한 이유는 그것이 '재미있는 오락'의 옷을 입고 들어오는 혼합주의이기 때문이다. 무속은 단지 옛 문화가 아니라 하나님 외의 신에게 영광을 돌리려는 시도이다. 성경은 이를 엄격히 경계한다. 그러나 오늘의 젊은 세대는 영적 실재보다 감정과 재미로 신앙을 판단한다. 'SBNR(Spiritual But Not Religious)', 즉 영적이지만 종교적이지 않은 세대의 특징이 여기에 있다.

최근 목회데이터연구소의 보고서 「한국교회 트렌드 2026」에 따르면, 교인 다섯 명 중 한 명이 점집이나 타로를 경험한 적이 있다고 답했다. 이유를 묻자 "평안을 얻기 위해서"라고 했다. 하나님께서 주시는 평안 대신, 세상이 주는 일시적 위안을 찾아 헤매는 셈이다.

사랑하는 이 시대의 교회여, 미디어와 문화는 중립적이지 않다. 우리는 영적 분별력을 잃지 말아야 한다. 악마는 상상 속 캐릭터가 아니라 인간을 미혹하고 파멸로 이끄는 실제 존재이다. 케이팝의 화려함 뒤에 숨은 혼합주의의 유혹을 분별해야 한다. 인간의 노래와 춤이 아닌, 오직 믿음과 은혜로 주어지는 예수 그리스도의 구원이 진리임을 선포해야 한다. 그때 문화는 미혹이 아니라 복음의 통로가 될 것이다.

AI에 알레르기 반응을 가진 사람들에게

최근 김 목사의 설교가 많이 좋아지고 있었다. AI의 도움으로 성경을 주석하고 다방면에서 깊이 있는 정보를 얻고 있었다. 그렇다고 기도로 성령의 도움을 구하고 성경을 읽는 등 영적 활동을 게을리하지 않았다. 그런데 장로님 중 한두 분이 김 목사가 AI와 함께 설교를 준비한다는 이유로 그를 세속적인 사람이라고 여기며 AI 알레르기 반응을 보이기 시작했다. 왜 이런 반응이 생길까? 이유는 여러 가지가 있을 것이다. 목사들 중에서도 AI 알레르기 반응을 가진 사람들이 적지 않다.

첫째, '잘 몰라서' 생기는 두려움이다.

새로운 기술은 늘 낯설고, 낯선 것은 두렵다. 스마트폰이 처음 나왔을 때도, 인터넷이 처음 들어왔을 때도 비슷한 불안이 있었다. AI도 마찬가지이다. 설명은 많이 들었는데, 실제로 어떻게 돌아가는지 잘 모르니 '괜히 건드렸다가 큰일 나는 것 아닐까' 하는 막연한 두려움이 생길 수 있다.

<u>둘째, '사람을 대체할 것'이라는 공포이다.</u>

뉴스에서는 연일 "AI가 일자리를 빼앗는다", "AI가 인간보다 더 똑똑해졌다"는 이야기가 흘러나온다. 자연스럽게 "목회도, 설교도, 상담도 AI가 대신하는 시대가 오는 것 아니냐"는 걱정이 따라붙는다. '사람이 설 자리'에 대한 불안이 알레르기 반응으로 나타나는 것이다.

<u>셋째, 신앙을 흔들 수 있다는 우려이다.</u>

"하나님을 믿는 신앙과 인간이 만든 기술을 신뢰하는 태도가 충돌하는 것 아닐까?"

"AI가 성경을 해석하고 설교문까지 써 준다면 성령의 인도는 어디에 서야 하나?"

이런 질문들은 결코 가볍지 않다. 그래서 어떤 분들은 아예 AI를 '영적으로 위험한 것'으로 취급하며 멀리해 버리게 된다. 그렇다면 교회는 AI를 어떻게 대해야 할까?

"AI는 도구이지, 주인이 될 수 없다."

AI는 망치나 컴퓨터와 같은 도구일 뿐이다. 도구는 누가, 어떤 마음으로, 무엇을 위해 사용하느냐에 따라 유익할 수도 있고 해로울 수도 있다. 그래서 교회는 다음의 원칙을 분명히 해야 한다.

첫째, 사람을 대신하는 AI가 아니라, 사람을 돕는 AI.

설교 준비에서 자료를 찾고, 통계를 확인하고, 역사·배경 설명을 정리하는 데 AI를 활용할 수 있다. 그러나 말씀 선포 자체, 성도 한 분 한 분을 위한 기도와 눈물, 이 부분은 결코 AI가 대체할 수 없다. 행정 업무, 일정 관리, 문서 정리처럼 반복적이고 기술적인 일에 AI를 사용하면 목회자가 더 많은 시간과 마음을 사람과 하나님께 쓸 수 있게 된다.

둘째, 관계를 약화시키는 AI가 아니라, 관계를 돕는 AI.

온라인 예배 안내, 새가족 등록, 소그룹 공지, 설교 요약 제공 등에서 AI를 활용하면 바쁜 일상 속에서도 성도들과 더 자주, 더 세밀하게 연결될 수 있다. 다만 문자·카톡·알림 메시지가 아무리 자주 가도, 직접 눈을 마주치고 손을 잡고 기도하는 목양을 대신할 수는 없다. AI는 관계의 '대체재'가 아니라 '보조도구'일 뿐이다.

셋째, 지식을 쌓는 AI가 아니라, 말씀 순종을 돕는 AI.

성경 공부, 교재 제작, 질문·답변, 신학 자료 정리 등은 AI가 양질의 도움을 줄 수 있는 영역이다. 그러나 신앙의 핵심은 '얼마나 많이 아느냐'가 아니라 '아는 만큼 살아내느냐'이다. AI는 말씀을 이해하는 데 도움을 줄 수 있지만 말씀에 순종하는 '결단'과 '실천'은 여전히 성령께 순종하는 성도의 몫이다.

많은 전문가들이 앞으로 AGI(범용 인공지능) 시대가 올 것이라고 말한다. 언제 올지 모르나, 분명한 것은 기술의 속도가 우리가 상상하는 것보다 훨씬 빠르다는 사실이다. 이런 시대에 교회는 무엇을 준비해야 할까?

첫째, 본질에 더 깊이 뿌리내린 교회.

기술이 아무리 발달해도 변하지 않는 것이 있다. 하나님 말씀, 예수 그리스도의 복음, 성령의 인도, 사랑으로 세워지는 공동체의 소중함이다. AI 시대의 교회는 오히려 이 본질을 더 선명하게 붙잡고 보여 주어야 한다. '기술의 교회'가 아니라 '복음의 교회'가 되어야 한다는 뜻이다.

<u>둘째, 평생 학습하는 신앙 공동체.</u>

"나는 나이도 많고, 새로운 건 모르겠으니 그냥 모른 채로 살련디"는 태도는 결국 세상과의 대화를 포기하는 것이다. 교회는 세대별 맞춤 교육을 통해 어르신들에게는 '두려움 없이 기술을 대하는 법'을, 청년들에게는 '기술을 우상화하지 않는 법'을, 다음 세대에게는 '신앙 안에서 기술을 사용하는 지혜'를 가르쳐야 한다.

<u>셋째, 일과 직업의 변화 속 '돌봄 사역'.</u>

AI와 AGI는 인간의 일하는 방식을 크게 바꾸어 놓을 것이다. 어떤 직업은 사라지고 새로운 직업이 생긴다. 그 과정에서 상실감, 박탈감, 불안, 우울을 겪는 이들이 늘어날 수 있다. 교회는 이 변화 속에서 위로와 돌봄, 진로와 소명에 대한 깊은 대화를 나누는 공간

이 되어야 한다. '무엇을 하며 살 것인가'보다 '누구를 위해, 어떤 마음으로 살 것인가'를 함께 묻고 답해 가야 한다.

<u>넷째, 디지털 소외자를 품는 공동체.</u>

모든 사람이 같은 속도로 변화에 적응하지는 못한다. 디지털 기기를 잘 다루지 못하는 분들, 기술의 속도에 숨이 차는 분들도 있다. 교회는 이 분들을 '뒤처진 사람'으로 보지 않고, 함께 잡아주고 기다려 주는 공동체가 되어야 한다. AI를 도입하더라도, 언제나 가장 느린 사람의 걸음을 기준으로 생각하는 교회가 건강한 교회이다.

AI 시대를 향한 우리의 태도는 극단으로 흐르기 쉽다. "무조건 좋다!" 혹은 "무조건 나쁘다!" 그러나 복음 안에서 교회가 취할 길은 이 둘이 아니다.

우리는 이렇게 고백할 수 있다.

"우리는 AI를 두려워하지도, 숭배하지도 않습니다. 오직 하나님만을 경외합니다. 그리고 그 하나님께서 주신 시대의 도구를 이웃 사랑을 위해 지혜롭게 사용하겠습니다."

AI에 알레르기 반응을 보이시는 분들께 감히 이렇게 권하고 싶다.

"두려움 속에 등을 돌리기보다 믿음 안에서 천천히, 함께 배워가 봅시다."

교회가 먼저 배워서 세상 속에서 방황하는 이들에게 이렇게 말할 수 있으면 좋겠다.

"두려워하지 마십시오. 이 시대에도, 이 기술들 너머에도, 역사의 주인은 여전히 하나님이십니다."

그 믿음 위에 설 때, AI는 더 이상 우리를 공격하는 알레르기가 아니라, 복음을 전하고 이웃을 섬기는 데 쓰임 받는 유익한 도구가 될 것이다.

* 이 주제는 '챗GPT 5.1 Thinking' 모델의 도움으로 쓰인 글임을 밝힌다.

교회 리셋의 시대,
교회는 본질에 더 충실하고 진정성에 목숨을 걸어야 한다.
(중략) 성경을 펼칠 때 기도로 하나님의 도움을 구하듯,
AI에게 질문할 때마다 주의 몸 된 교회에 유익하게만
사용되기를 기도하는 일을 잊지 말아야 한다.

교회 리셋.
속도보다 중요한 것은 영성이며,
안전성이고, 윤리성이다.

AI 시대 교회가 물어야 할 질문은
"할 수 있는가?"가 아니라
"왜 해야 하는가?"이다.